ママ友おつきあい
マナードリル

監修：西東桂子

主婦の友社

はじめに

子どもが幼稚園や小学校に入ると、園や学校を通したやりとりが始まります。それにともなって、子どもを通した関係の親子づきあいが生まれます。

これが、いわゆるママ友づきあいです。

学生時代は、自分と気の合う人、趣味の合う人とだけつきあっていても、何の問題もありません。働いているなら、「○○に所属の○○さん」としての顔を持ち、また同じ目的を持つ者同士として、あなたの人となりが周囲にも伝わっているでしょう。

でも、ママ友は違います。お互いに生まれも育ちも、年齢も過ごしてきた経歴も異なり、ただ「子どもの園や学校が同じ」という共通点しかありません。子どもを通した「ママ友」関係は子どもを持った以上、かかわりを持たない主義を貫き通すのは難しく、ママのふるまいがイコール子どもの印象、となってしまうことも避けられないのも事実です。

「面倒な世界に足を踏み入れて、やっていけるかしら？」と気が重い人もいるでしょう。でも、子どもをまじえたつきあいができる期間は意外とあっという間、です。

いつの時代も変わらないマナーもありますが、近頃はスマートフォンやSNSの普及によってインターネット上のつきあいなど、新たに気をつけていかなければならない事柄も増えました。この本は、ママとしてのふるまいと、ママ友とのおつきあいについて、気軽に学べる本です。

こんなときはどうしよう？　こういうトラブルはどうすればいい？　気になることがあったとき、この本を開いてもらえれば、解決のヒントが見つかるはず。ママの不安が少しでも減って、ママの元気につながれば何よりうれしいことです。

子どもを安心させるには、ママの笑顔が必須です。どうぞ自分らしい「ママライフ」を楽しんでください。

目次

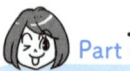

巻末特集

ママのためのスピーチ・提出物文例

Part 1

あなたの心を軽くする
ママ友マナーの心得

新しい肩書き「○○ちゃんのママ」

特にママ友がいなくても、自分の友達の子どもと遊ばせていれば何とかなった乳児時代から一変。幼稚園に入園すると「○○ちゃんのママ」という新しい肩書きがあなたに加わります（近頃はママ友づきあいも気心が知れてくると、○○ちゃんとママ自身のファーストネームで呼び合うようです）。そして本格的なママ友づきあいがスタートします。

ママ友づきあいの掟は明るく楽しく、そして何より大切なのは「程よく」。

この「程よく」の程度が、地域性や幼稚園、小学校、また周囲にいるママたちの性格によっても違うのが厄介です。

でも、どっぷりとママ友生活につからない、という意味での「程よく」ならできそうかも？と思いませんか。

子どもが仲よしだから、子どもの月齢が同じだから、とつきあいを続けても、取り巻く環境が変わってしまえば、自然と疎遠になるのがママ友づきあい。

たとえば今、あなたがつきあいを続けている友達は、ずーっと同じ濃さのつきあいを続けてきたわけではないはずです。小学校時代に仲よく交換日記をしていた友達と、今もメール交換を毎日はしていないだろうし（LINEの会話ならアリ？）、母親学級で仲よくなったママと、今も一緒に買い物やお茶へ年中お出かけはしていないはず。そうです。友達って、同じ濃さの関係がずっと続くわけではないんです。

ママ友関係で何かアクシデントがあって悩んだり、落ち込んだりしても、一生この関係が続くわけじゃない、と思えば何となく気楽になりませんか？

子どもの保護者としての礼儀とマナー

普通に相談し合えるようなママ友が欲しい、と思うなら、まずは一歩を踏み出してみるべきです。第一印象が大切ですから、清潔感のある身だしなみと笑顔をキープ。

自分から進んで明るく挨拶をしてみましょう。「おはようございます」「クラスがご一緒ですよね、〇〇と申します」などと当たり障りのない、子どもの話題からスタート。あまりに最初から馴れ馴れしいと警戒されますから、踏み込みすぎない距離感を保つのがコツです。

ママ友３つの大原則

● 自分から進んで世界を広げましょう

引っ越してきたばかりで顔見知りもいないから、とか、仕事が忙しいから学校のつきあいは面倒だわ、とか、子どもを通してのつきあいが増えることに、不安を感じたり厄介だなと思ったりする人も多いのではないでしょうか。もちろん、右も左もわからないから、まずは様子見でもいいんです。でも、大事なわが子を思い出して。はじめての場所で、はじめての先生やお友達と毎日頑張って生活しているのです。ママも少し勇気を出してはいかがでしょうか？　クラスの役員、係やボランティア、積極的に手を挙げてみてください。きっと世界が広がりますよ。

● ママ友、先生の噂話は子どもの前では厳禁！

○○君のママって言葉遣いがよくないね、とか、△△組の先生は頼りないわ、とか。ついうっかり子どものいるときに、夫やほかのママの前でポロリ。これは今すぐやめましょう。子どもはママの言うことをよく聞いています。子どもは自分のママの言うことは絶対、なんです。ママの発言が子どもの言動を左右しかねません。どうしても気になることを話すときは、子どものいないとき、耳に入らない場所で、を守ってください。

●「ママ友」と「友達」は違うと心得る

最初にも書きましたが、独身のときのような自分と気の合う友達づきあいと同じようにはいきません。園、学校、子どもを通してのおつきあいなのですから、節度を保って接することが大事。プライバシーにかかわることに関してはある程度気心が知れて仲よくなるまでは聞くのは控えて。あくまでも子どものママであり、保護者としてのつきあいであることを忘れずに。もちろん、子どもを通して仲よくなったママと、心を許すことのできる親友や飲み友達になることもありますが、それはあとからついてくるものです。

子どもの発達段階を知っておくと、ママの不安もやわらぎます

入園

発達に個人差がある幼稚園入園時

幼稚園に送り届けたとき、ママと別れがたくて泣いたり、追いすがったりは普通のことです。これまでいつもママと一緒だったのですから、離れることに不安を感じるのは当たり前。「あら、うちの子は泣かないわ」と喜んでいても、すっかりなじんだと思ったころに急に不安定になって泣き始めることもあります。ママは子どもの様子に一喜一憂しないで、現実を受け入れましょう。園から少し残るように言われた場合を別にして、子どもには「お迎えにくるからね」「待っててね」と言って、明るくさっさと帰りましょう。特に下の子がいる場合は「僕（私）をのけものにしてる」「いない間に弟（妹）と楽しいことしてるのかな？」と感じる子もいますから、あれこれ言わずにあっさりと離れることが大

事。ママ自身が不安にならないように！

また、幼稚園から帰宅したら、根掘り葉掘り園での出来事を聞かないで。気になるならお迎え時に担任の先生に聞いてください。子どもの記憶力はまだまだ未発達で、実際、園であったことを覚えていないことも多いのです。逆に、子どもからこんなことがあった、と園の様子を話し始めたら「よかったね」「そうだったのね」と共感してあげましょう。「だれかに意地悪されなかった？」などとママがしつこく問いただすと、子どもは何か言わなくてはいけないと、実際にないことを話し出す可能性も考えられますから注意して。

幼稚園児は、子どもそれぞれの発達に個人差が大きいものです。友達づくりにこだわるママが多いですが、一人遊びが充足していないと、次の群れ遊びの段階にはいきません。移行の時期は一人ひとり異なります。はじめての保育参観でありがちなのが、幼稚園での子どもの様子を見て「ほかの子はみんな砂場で仲よく遊んでいるのに、うちの子だけひとりぼっちだわ」とガックリしているママ。これは砂場で一緒に遊んでいるように見えて、実はたまたま並んでいるだけ。よく見るとそれぞれが一人遊びをしている、という状態だったりします。気にしなくて大丈夫です。

入学

1年生でもまだ幼児の続き。つき放さないで

小学校入学を機に、子どもを一人前扱いするママも多いですが、まだまだ「幼児期の続き」だということを忘れないでください。親から離れてはじめての登下校で、1年生のうちは子どもも緊張しています。ママは緊張を解きほぐす役目を。学校では上級生からお世話される立場ですから、小学生になったからとあれもこれも「もう1年生だからできるわね」と要求せずに、子どもの「甘えたい」「疲れた」という気持ちを受け止めてあげてください。くたびれているので、学校から帰ってきたら、30分から1時間お昼寝をしてもいいかもしれません。

この時期「1年生だから」と夜一人で寝かせるよ

うにしようとするご家庭も多いですが、子どもが新しい生活のペースをつかむまでは一人寝を無理強いしないこと。ママたちは、「添い寝はいつまで？」が気になるようですが、親が決めなくてもよいのでは？　そのうち（たいてい遅くとも５年生くらいまでには）、子どもから「一人で寝る」と言い始めます。

小学校に入ると、一人で登校、下校し、出歩くようになります。どこに、誰と、何時に帰るかを親に伝える約束を必ず守らせ、放任にならず、干渉しすぎず、子どもの安全を守りましょう。

同じようなタイプの子と仲よくしていた幼稚園時代に比べて、友達の幅も広がります。ママも子どもと一緒に、新しいタイプのママ友に出会えるチャンスでもあります。

まずは感じよく挨拶から!
仲よくなりたいと思ったら
自分から声をかけましょうね。

Part 2

幼稚園・小学校での基本のマナーあれこれ

大切な子どもを通わせる、幼稚園や学校。親子ともに、先生によい印象を持ってもらいたいのはママとして当然のことです。

子どもだけでなく、ママも先生とよい信頼関係を持ちたいものですが、そのためには、担任の先生とのコミュニケーションが何より大切です。

最近はモンスターペアレントという言葉がよく使われるように、親のマナーが問題視されることが少なくありません。

幼稚園に入ったらあらゆるしつけは幼稚園に、学校に入ったら、勉強はすべて学校におまかせ、という態度ではとうていうまくいきません。

逆にわが子可愛さのあまり、過干渉になって、運動会や学芸会でわが子が中心にならないと「うちの子が大事にされていない」と言いがかりをつけるのも論外です。

幼稚園と家庭、学校と家庭という両輪で、お互いに協力し合って「わが子を一緒に育てていく」という気持ちで臨みましょう。
　また、幼稚園の先生は特にそういう場合が多いと思いますが、ママであるあなたより、あきらかに年下ということもあるでしょう。
　それでも、あくまで子どもの「先生」です。後輩や友達のような感覚で、馴れ馴れしい態度をとらないで、敬う気持ちを忘れずに接してください。いわゆる「ため口」もダメです。きちんと敬語を使って話しましょう。たとえ先生としての経験が浅くて頼りないな、とあなたが思っていたとしても、そういうことは胸にしまっておいてくださいね。
　ママが先生のことを軽い存在として見ていると、子どもも同じようにそういう目で見てしまうものです。十分気をつけましょう。
　さて、幼稚園ではママが送迎していることが多く、また、親子そろって活動する行事もあるため、園でのわが子の様子や立ち位置がわかりやすいものですが、小学生になると、親が学校へ足を運ぶ機会はぐっと少なくなります。

学校から帰宅した子どもから聞く話もつたなくて、内容が真実かどうかもあやふやなことも。特に学期の最初のうちは、学校生活での疑問があれこれと出てくることもあるでしょう。

こんなときはやはりママ友が頼りになります。ぼんやりとしている子のママならば、しっかりタイプの子のママと仲よくしておくと、明日の持ち物のことなど、何かと助かることがあります。

入学したばかりで「まだ気軽に聞けるようなママ友はいないわ」という人は、担任の先生に問い合わせをして、コミュニケーションをはかりましょう。

ただし、気軽に学校に電話をかけるのはちょっと待って。連絡帳を活用するなど、子どもが通う学校の決まりに沿って行うようにします。その前に「お知らせ」が出ていないか確認することも忘れずに。

幼稚園もそうですが、学校はあくまで子どもが主役。そして勉強をする場所です。ママが学校へ出向いたときは、授業の邪魔にならないように気をつけて。廊下でのママ同士のおしゃべりは教室に響いて迷惑ですし、授業中の子どもに話しかけたり、スマホでの撮影も控えましょう。携帯電話の音が鳴り響くこともないよう、電源は切るかサイレントモードに。子どもの手本になる態度を心がけます。

２章では幼稚園生活や学校生活でのあれこれについて紹介しています。個人面談での先生への切り出し方や緊急連絡網の回し方から、お友達にケガをさせてしまったとき、学校へ行きたがらない、などちょっと重い実例もあります。幼稚園や学校でのアクシデントは、担任の先生に事実確認をすることが先決です。クレームをつけるのではなく、相談を持ちかけて解決への方法を一緒に考えてほしいというようにすると、スムーズにいくはずです。

日頃から先生に感謝の気持ちを持ち、機会があればそれを伝えます。ママと先生の信頼関係を作っておくことで、子どもも安心して通うことができますよ。

Case 01

幼稚園の遅刻や早退、欠席の連絡を入れるときはどうするのがマナー?

- 朝、急に熱が出たりおなかが痛くなったりしたとき、いつまでに電話をするべきですか?
- 水ぼうそうになってしまい、完治するまでは少し時間がかかりそう。毎日電話で欠席連絡すべきでしょうか?
- 朝、病院に寄ってから登園する場合、または早退させる場合はあらかじめ連絡しておくべき?

NG対応

先生の携帯に直接連絡を入れる

連絡なしで遅刻、欠席、早退させる

予定がわかっているのに、当日連絡する

OK対応

園、学校のルールに沿って連絡をしましょう

幼稚園、学校から指定された連絡方法を使いましょう。電話連絡が一般的です。登園（登校）時間が終わるまで（保育や授業が始まる前まで）にかけましょう。
「お世話になっております。りす組の山田ヒナ子の母です。本日は発熱のためお休みします。病院に行ってからまたご連絡いたします」とクラス名と子どものフルネームで名乗りましょう。
学校は生徒数が多く、電話が重なると先生の手間がかかってしまうので、近所の同じ学校の友達に欠席する旨を書いた連絡帳を持たせ、欠席する子の担任の先生に渡す、というやり方も多いようです。
どちらにせよ、ルールに沿ったやり方で連絡を。遅刻なら何時に登園（登校）するのか、欠席ならどんな理由なのか。早退の場合は迎えに行く時間をあらかじめ申し伝えましょう。

point

理由をはっきり言いましょう。体の具合が悪いのであれば、現在の病状、治る見通し、感染性のあるものかどうか、今日だけか、明日も休むのか、1週間以上の休みかなど。間近に行事の予定がある場合は園も学校も子どもの体調に敏感になりますから、正直に伝えましょう。
1週間以上休むなら「また３日後にお電話します」と次の連絡時期を伝えると先生も安心します。遅刻や早退の場合も遅れる理由や時間を伝えます。早退の場合は明日以降の登園・登校はどうするのかも連絡しましょう。遅刻、早退は保護者がつき添うのが原則です。

Case 02

家庭訪問や個人面談で先生にわが子の様子を聞く

- はじめての家庭訪問があります。「お子さんの様子をお話しします」とのことですが、どんなことを話せばいいのでしょうか?
- 個人面談では 10 分しか持ち時間がありません。どんなふうに話せば時間を有効に使えるでしょうか?

NG対応

わが子の否定的なことばかり話す

自分の割り当て時間をすっぽかす、遅れる

あとの人がいるのにダラダラ長話

OK対応

まずは子どもの
よいところから話し始める

「楽しく通っていますが、いかがでしょうか?」「翌日が待ちきれない様子です」など、子どもが幼稚園や学校に対して好意的な気持ちを持っていることを伝えることからスタートしましょう。
それから「うちの子は内気なのですが、先生から見ていかがですか?」「お友達とうまく意思疎通できていますでしょうか?」というように聞きたいこともまぜて質問します。
ママから見てダメなところばかりだとしても、成長したところ、いいところは必ず話すこと。逆に先生から「すぐに手が出てしまうようですが」などと言われたら「そうなんです」と親も気づいています、共感していますという態度で。予想外の指摘を受けても「うちの子がそんなはずありません!」と言葉を返すのではなく、「思いもよらない話でビックリしています」と冷静に答えましょう。

point

家庭訪問や面談は長くても20分程度。相談したいことが山ほどあるなら、あとに人がいない最後の枠にしてもらいましょう。相談したいことをメモして行くことをおすすめします。
特に心配なこともないようなら「何かお気づきの点はありますか?」と先生に質問してみて。

Case 03

学校の連絡網をきちんと回す

- 子どものクラスから連絡網が回ってきました。あらかじめ連絡網に記載されている、次の人に電話をかけるのですが、気をつけることは?
- 連絡網の次の人が何度電話しても出ない! どうやって対応すればいいですか?

NG対応

メモをとらない

復唱しない

仲がよいからとメールやLINEですます

OK対応

電話を受けたら
できるだけ早く次の人にかける

まず、情報の発信者が誰かをはっきりさせます。学校なのか、PTAなのか、委員会なのか。流しっぱなしでよいのか、最初の人に電話が全員に回ったことを伝える必要があるのかを確認します。そしてメモは必ずとりましょう。
次の人に回すときも「メモの用意をお願いできますか?」「復唱していただけますか?」と添えましょう。
自分の次の人が留守ならその次の人へ、前の人が留守だった旨を伝えて電話します。留守だった人には伝わるまで電話を。留守電には用件と「この用件を聞いたら折り返しお電話ください」と伝えます。
次の人のメールアドレスを知っているからと、メールだけですませてはいけません。折り返しの返事がないと、用件が伝わったかどうかが確認できないからです。

point

日時の連絡をするときは、明日、あさって、など紛らわしい言い方は避けます。「5月23日金曜日の14時、午後2時」と日時をはっきりと伝えると、連絡ミスがなくなります。特に「1時」と「7時」など、聞き間違えやすい場合、午前・午後ともに可能性がある時間帯の場合は聞き間違えないようにしっかり確認して。

Case 04

担任の先生の携帯電話、番号は知っているけど困ったときに電話していい？

- 保護者会で担任の先生の携帯電話の番号が公開されました。実際にかけていいのはどういうとき？
- 学校に電話して先生に取り次いでもらうよりも、携帯にかけたほうが手間がかからないような……
- LINEに登録したら友達候補に娘の担任の先生が！電話するよりも迷惑にならないと思うので、お友達になっても構わないですか？

NG対応

少しでも困ったら先生の携帯を鳴らす

先生の就業時間外に子どものことを相談する

SNSで先生とつながる

OK対応

原則としてかけない。園や学校に電話して取り次いでもらう

プライベートの電話番号はあくまでも緊急用。むやみやたらに電話をしたら、先生にも迷惑です。用事があるときは、園や学校に電話をし、取り次いでもらうことが鉄則です。
かけるのが許されるのは、現地集合の親子遠足などで遅刻や急病で欠席するなど、連絡しないと団体行動に迷惑をかける場合。または、たとえばあなたの親族に不幸があったり危篤だったりして、急に翌日欠席することになった場合です。
翌朝の始業前に電車や飛行機に乗っていて園や学校に電話がかけられない、というケースならば、前夜常識的な時刻にプライベートな番号にかけても許されます。その際は「明朝は電話ができないのでやむを得ずかけさせていただきました」と伝えます。
それ以外のケースは、就業時間中に学校に電話しましょう。

point

先生個人の携帯メールのアドレスに連絡するのも、原則としてNGです。先生にもプライベートの時間はあるということを忘れずに。
また、LINEやFacebookなどで先生とつながるのは、在園、在学中は控えたほうがいいでしょう。卒園、卒業して保護者としてのつきあいがなくなってからならば許されますが、下の子が在園、在学中だったり、近い将来、入園、入学予定があるならやめておくべきです。

Case 05

はじめての授業参観、「変なママだな」と思われないために、どう過ごす?

- 今度、はじめての授業参観があります。一日中出入り自由なのですが、いつごろ行くのがいいでしょうか?
- 授業参観には行きたいけど、下の子の預け先が見つからない。一緒に連れてっていいかしら?
- わが子が授業を受けてる姿を写真に撮りたい! フラッシュをたかなければ大丈夫?

NG対応

- 仲よしのママ友と授業中に情報交換する
- ここぞとばかりに過剰におしゃれをしていく
- 携帯で撮影、記念にビデオを回す

OK対応

学校の主役は子ども。親は邪魔しないように

授業参観は子どもの成長を見に行く、家では見せない学校での子どもの様子を見るところ。親が自分の子に手を貸したり、先生の指導力をチェックしたりする場ではありません。わが子の態度が目に余っても、ぐっと我慢して見守るだけにしましょう。時間割を見て、参観したい授業に合わせて出かければよいのですが、低学年のうちはママが来たかどうかが気になります。行くのが遅くなる場合は「○時間目から行くからね」と話しておきましょう。
授業の邪魔をしないように、携帯電話はスイッチをオフに。写真を撮ったり、ビデオを回すのは絶対にNG。私語が厳禁なのはもちろんです。服装も華美にせず、香水をつけすぎたり、キラキラ光るものを身に着けたりしないように。
下の子をやむをえず連れていく場合、少しでもぐずったら廊下に出ます。下の子の授乳やオムツ替えが必要になったら、保健室に相談してみましょう。

point

親はあくまでも見学者。先生より目立つことをしないのが鉄則です。もし仕事や家庭の事情で緊急の連絡が入る予定があるなら、その時間帯は学校へ行かないくらいの心づもりでいましょう。
また、久々に会うママ友同士でおしゃべりして授業の邪魔になった、というケースはいろいろなところでよく聞きます。その姿をわが子が見たら、どのように思うか振り返ってみましょう。

Case 06

学校から子どものことで苦情の電話が来てしまった。そのときの対応は？

持参物や宿題など忘れものが多い息子のことで、担任の先生からとうとう苦情の電話がかかってきました。
下に弟と妹がいるため、どうしてもしっかり見てあげられないことがあります。
電話ではとりあえず先生に謝ることしかできなかったのですが、どう答えればよかったのでしょうか？

NG対応

取り乱しておろおろする

逆に先生のことを責める

子ども任せにして放任する

OK対応

先生から知恵をもらうような姿勢で真摯に受け止めましょう

苦情はまず受け止めます。それから「家でもできる限りは声がけをしているのですが、学校ではどうされていますか?」と先生に逆に聞いてみること。先生が学校でやっている方法を、家でも取り入れてみましょう。
そして一番大切なことは、子どもだけの責任にしないで、親子でそのことに取り組むこと。たとえば忘れものが多ければ、小学校1年生のうちは、翌日の学校の支度は親子一緒にやるのがいいでしょう。プリントや教科書などごちゃごちゃになっていると、上手に探せませんから、部屋の隅に「明日持っていくものを置くコーナー」を用意しましょう。翌日の服装に手間取るならそれも準備しておくと完璧です。

point

先生から注意の電話がかかってきた場合、謝ることに終始したり、子どもを頭から叱りつけたりしがち。迷惑をかけて申し訳ない、という気持ちを伝えたら、先生と一緒にどうやって解決していくか、協力していくつもりで話を聞きましょう。

Case 07

子どもが友達にケガをさせた！まずどうする？

幼稚園から突然の電話がかかってきました。
うちの息子がお友達を押してしまい、階段から落ちてしまいました。口の中を歯で切ってしまい、さらに足首をねんざしたとのこと。まずは相手にお詫びをと思うのですが、相手のママとはまったく面識がありません。
いきなり電話をかけてもいいものですか？

NG対応

いきなり相手の自宅を訪ねる。

日にちがたってから電話する

「お互いさまですから」と言う

OK対応

相手を確認し、その日中にお詫びの電話を

幼稚園からの電話をきちんとメモをとりましたか？　相手方が誰なのか、名前と連絡先を確認して、すぐ相手にお詫びの電話をします。たとえ留守でも相手につながるまで、事実を知ったその日のうちに連絡をとりましょう。あきらかに自分の子に非がある場合は「今後気をつけるように子どもに言い聞かせます」と先方に話しましょう。ケガの程度を確認し、通院が何度にも及ぶなど、相手側がこれまでどおりの生活を送れなくなっているなら、電話だけではなく菓子折りを持って、直接お宅までお詫びにうかがいます。

下に小さいきょうだいがいると、通院だけでも大変です。「何かお手伝いできることはありませんか？」と声をかけて。園での保育中の出来事であれば、治療費は保険で補償されているはずですが、念のため「治療費は負担させてください」と申し出ましょう。

point

15年くらい前までは、引っ掻き傷程度の子ども同士のやった、やられたは、やられたほうのみに、やった相手側が誰か言わずに報告がなされていました。今は、やった側、やられた側どちらにも連絡がいくのが普通です。子ども同士のいさかいはよくあること。小さなケガですむうちにたくさん経験を積んだほうがいいのです。子どもが相手を押したのも「悪口をしつこく言われたから」など、原因は相手側にある場合も。幼稚園時代の小さなケガ程度のやった、やられたは「お互いさま」です。が、あくまでもこれはやられた側が言う言葉で、ケガをさせたほうがお詫びの場で使ってはいけません。

Case 08

わが子が ほかの子のものを 持って帰ってきてしまった

- 隣の席の子の体操服も、一緒に間違えて持って帰ってきてしまいました。今朝洗濯をしようとして気づいたのですが、どのように対処したらいい？
- お友達のノートを持って帰ってきました。今の時刻はすでに23時近くです。これから電話をかけてお詫びして届けたほうがいいですか？

NG対応

- そのままにしておく
- 夜中にアポなしで返しに行く
- 子どもにだけ謝らせる

OK対応

相手は困っているかもしれません。連絡をとってお詫びしましょう

持って帰ってきてしまった相手がわかればすぐに連絡をします。

「申し訳ありません、子どもが間違えて持ち帰ってきてしまいました。明日、学校で子どもから○○くんにお返しします」と話しましょう。

気がついたのが夜遅い時間であれば、翌朝登校前の時間に連絡を。

「慌ただしい時間に申し訳ありません」の一言を忘れずに。

週末に持ち帰った体操服であれば、洗濯をして月曜日に返すようにします。高学年であれば、子どもに電話させてもいいでしょう。

宿題のドリルなら、学校の先生に翌朝電話して一言「○○ちゃんのドリルをうちの子が持ち帰ってきてしまったので宿題ができていないと思います」と伝えたり、状況に応じて臨機応変に。

持ち主がわからない場合は、小学生なら子どもから先生に届けさせてかまいません。幼稚園児なら親から園へすぐに一報しておき、翌朝持参しましょう。

point

子どもが「（ノートや体操服が）なくなった！」と言い出したとき、あわてて買いに行かないで！　このようにクラスの子が持ち帰っていたり、落とし物で見つかることが多いものです。まずは幼稚園や学校に問い合わせてみて。

Case 09

うちの子、いじめられている？ 相手のママに伝えたほうがいい？

幼稚園で特定の子にちょっとした意地悪をされて、よく泣いているようです。「○○くんがいやなことをしてくる」と言いますが、子どもの言うことなので、どこまで信じたらいいのか……。
お迎えのときに相手のママに会ったら、直接注意していいのでしょうか？

NG対応

- 先生に確認せず、相手に抗議の電話をかける
- 相手のママに会ったときに直接聞く
- 誰にも言わず、自分の中に抱え込む

OK対応

担任の先生を通して事実確認をしましょう

幼稚園の年齢だと、深刻ないじめは考えにくく、やった、やられたはお互いさまのこともあります。とはいえ、かわいいわが子がいじめられていると訴えていたら、カーッとなって相手にすぐ抗議したい、となってしまうのが親心。でもちょっとひと呼吸置いて、冷静になって問題を解決しましょう。

ここで大事なのは、子どもの話すことをうのみにせず、先生を通して事実を確認すること。先生が把握しておらず、それでも子どもが繰り返して言う場合は、幼稚園に足を運んで様子を見せてもらいましょう。

意地悪されている原因がわかったあとは、解決策は先生と一緒に対策をとっていくことになります。くれぐれもママだけが先走ったりすることがないように！

point

子どもは自分の親の様子を見て、都合のいいほうに話を大げさに言うことがよくあります。わが子の言うことをうのみにせずに、幼稚園や学校に相談し、冷静に事実確認を。

実際に問題がある場合も、先生と問題を共有して一緒に解決していくほうが近道です。

仮に勘違いであっても、子どもが「いじめられた」「悲しい」と思った気持ちはしっかり受け止め、ケアしてあげましょう。

Case 10

学校に行きたくないって、不登校になっちゃう!?

近頃、朝学校へ行くのをしぶります。特に体の具合が悪いわけではないのですが……。
本人の話や周囲の様子を見ていても、友達ともめた、給食がいやなどの特別な理由は考えられません。
休み癖がつくと困るので、無理矢理にでも連れていったほうがいいですか?

NG対応

- 話を聞かずに無理矢理学校へ連れていく
- 「勝手にすれば」とつき放す
- 「みんな行っているのにどうして」と言う

OK対応

担任の先生を通して事実確認を心がけて

まずは子どもの「行きたくない」という気持ちを受け入れましょう。きっと何か理由があるはずですから、少しずつ気持ちをほぐして聞き出してみましょう。しばらく行けなくても親はどっしりと構えて。担任の先生と連絡は絶やさずとっておきます。
友達とけんかした、仲間はずれに遭っている、授業についていけないなど、行きたくない理由がわかれば、先生がその状態を解決するよう、努力してくれることでしょう。
お母さんがわが子にできることは、いつかきっと行ける日が来るさ、と子どもにも希望を持たせてあげることです。
くれぐれも「ほかの子はちゃんと毎日通っているのに」と比べないことが大切です。

point

自宅でしばらく過ごすことになっても、生活リズムがくずれないように気をつけて。朝は早く起きて夜ふかしはしないなど、学校に行っているときと同じリズムを保つようにしましょう。

Case 11

授業にならないというクラス。学級崩壊かしら？

子どもの言うことなのですが、どうやら学級崩壊しているようです。歩き回ってふらふらする子もいるので、授業にならないとか。
先生の指導力に問題があるのでしょうか？
保護者として、校長先生に直訴したほうがいいですか？

NG対応

- ママ同士で噂する
- 担任の先生に電話して抗議する
- いきなり校長や教育委員会に電話する

OK対応

まずはクラス委員のママに相談を

担任の先生にいきなり文句を言わず、まずはクラス委員のママに相談してみましょう。
ママ同士で相談をしてから、学級崩壊が事実ならばクラスの代表のママが「子どもが授業に集中できないと言うので心配です。PTAで何かできることはありますか?」と伝えるように話を持っていきます。
ママのフォローで学級運営がうまくいく場合もあります。担任の先生もうまくいかずにダメージをうけているはず。
先生の気力をくじかないためにも、子どもたちにとっての最良の方法を見つけられるように、親として協力したいものです。

point

ほかのクラスや学年でも噂になっているかもしれません。不確定な情報が飛び交うと、先生や子どもたちをむやみに傷つけてしまうことも。自分が噂の火元にならないように、憶測で余計なことを言わないようにしましょう。おもしろおかしく聞いてくるママには、あまり多くのことを話さないように気をつけて。

先生と家庭とのコミュニケーションがうまくいけば、
わが子が楽しく通えますよ。

Part 3

保護者会・PTAでのふるまいあれこれ

ママの生活は実に忙しいもので、終わりのない家事、育児……子どもが複数いたらその分手がかかるし、フルタイムでなくても、仕事を持っていたら、時間がいくらあっても足りないはず。自分のために費やす時間だって欲しいし、幼稚園や学校のPTA活動に時間をあてることを、負担に思うのも無理はありません。

テレビや新聞で取り上げられるような、参加しやすいPTAのための改革をしている学校もあるようですが、幼稚園では役員のなり手がいないため、役員決めに膨大な時間がかかるから、という理由で、父母会組織自体をなくしてしまったところもあると聞きます。

小学校では、役員決めの場面になればシーンと静まり返って、その雰囲気がイヤだから、と欠席すると「くじ引きで当たりました！」と役員が回ってきてしまうとか、子ども一人につき、必ず1回は委員をやる、という決まりがあって、できない理由はいっさい認めません、というしゃれにならない噂が、年度始め、保護者会の時期になると、どこからともなく流れてきます。

このように役員を引き受けることは、時間のムダ！とデメリットばかりのように噂されていますが、もちろんそんなことはなく、メリットだってたくさんあるんです。

「幼稚園のことや、学校のことがよくわかった」「家とは違う子どもの様子を知ることができた」「ママ友ができた」「先生とコミュニケーションがとれた」というのが、役員経験のあるママたちが語るメリットですが、それに加えて、「ママ友とのつきあい方が学べる」というのも、大きなメリットです。

「このママは経緯を全部聞いてもらいたいのね」「パソコンが得意だから全面的に頼って大丈夫かな」「抱え込むタイプだから、こちらから声をかけて仕事を分散させるほうがいいみたい」というように、それぞれの人となりもわかり、つきあい方のコツやコミュニケーションのとり方に気づけるようになります。

生まれや育ちも違う人と集まって、１年間という期限付きで同じ仕事（しかも成果が評価されないことも……）をすれば、多少の摩擦はあるでしょう。でも、こういう経験ができるのも、子どもがいるからこそだと思いませんか。

せっかくの機会なのだから、見聞を広げるためにも、チャンスがあればぜひ一度、やってみて損はないはず。得るものもたくさんあります。得難いママ友ができるかもしれません。子どもと一緒に、親も成長していけるいい機会です。

また、小学校になると、子ども同士での交流が盛んになるので、その分ママがかかわる場面も減ってきます。すると、子どもが仲よくなった相手のママがどんな人なのかがわかりづらくなります。相手の様子がわからない、幼児時代とはまた違う悩みが出てきます。「小学校になったから、もうママは関係ないわね」というわけにもいきません。

こんなときも、一度でも役員や委員を引き受けておくと、少なくとも相手方には自分と子どもは認識してもらえますね。

どうぞ無理のない範囲で、できるだけ学校に足を運んでください。子どもも、学校でママに会えると喜びます（高学年になると、恥ずかしがる子も多いですが）。

先生やほかのママと顔見知りになっておけば、万が一「子どもが何かやらかしてしまった！」なんていうとき、いっさい学校に顔を出さないママより、いつも学校に顔を見せているママのほうが心証がいいはずです。

３章では、幼稚園や学校の親の会、PTA 関連および、保護者会（懇親会、茶話会）でのふるまい、委員、役員、係の決め方について、実例を交えながら紹介しています。

はじめての保護者会の顔合わせで行われる、自己紹介の文例もたくさん載せていますから、必要に応じてアレンジして使ってみてください。

「感じのいいママ」と思われる 自己紹介の仕方

はじめての保護者会は、同じクラスになった保護者との顔合わせの場です。一人ずつの自己紹介から始めましょう、というパターンが通例。先生やほかの保護者との情報交換の場でもありますから、できる限り出席しておきたいもの。「何か一言ずつお願いします」と言われたとき、何を話すかあらかじめ考えておきます。手短に、目安は長くても1分以内。明るい表情とはっきりとした口調を心がけて。はじめに「太田です」と名字だけ名乗るのでなく「太田正志の母です」と子どもの名前をフルネームで言うと、〇〇くんのママね、と覚えてもらえます。
子どもの様子や気になっていること、覚えておいてほしいことなど、この場でさりげなく紹介しておくのも手。ただし「うちの子はまだ～～ができなくて～」とか「乱暴すぎて困っていて～」などマイナス面ばかりを言わないように。よいところもつけ加えて言いましょう。

　園や学校の公式行事に組み込まれていない茶話会は、保護者会よりも少しくだけた感じの場になります。このときは子どもだけでなく、ママ自身の状況や性格など人となりをさりげなく伝えるのもいいですね。

まずはこの3つを押さえましょう

◆はじめに、はっきりと子どもの名前をフルネームで

- はじめまして、佐藤ゆうなの母、真由美と申します。
- いつもお世話になっております。太田正志の母です。

◆楽しく通っています

娘は幼稚園が楽しみで仕方ない毎日を送っています。お迎えのバスが待ちきれないようで、「早く早く」と言って私をせかすほどで、幼稚園がお休みの日曜日はしょんぼりしているくらいです。
これから皆様と親子ともども、いいお友達になれたらと思っています。公園などで見かけたらぜひ声をかけてください。

◆最後は「よろしくお願いいたします」で結ぶ

- 親子ともども、どうぞよろしくお願いいたします。
- 1年間、どうぞよろしくお願いいたします。

兄弟構成・生まれ月などの情報を盛り込む

◆ひとりっこ・第一子の場合

● 息子はひとりっこのため、我を通す場面もあるかと思いますが、皆さん仲よくしてください。よろしくお願いいたします。
● ひとりっこですが、物怖じしないところがあります。皆さんにも色々と話しかけているようで、ご迷惑をかけることもあると思いますが、どうぞよろしくお願いいたします。
● はじめての子どものため、学校のことが何もわかりません。親子ともども早く新生活に慣れて、成長していきたいと思っていますので、色々と教えてください。よろしくお願いいたします。

◆早生まれで心配

1年生といっても、うちの子は3月に6才になったばかりです。体も一回り小さくて、背の順も家族の予想どおり一番前になりました。6年生になるまで、どれだけ成長するのか楽しみです。皆さんどうぞよろしくお願いいたします。

◆きょうだいがいる場合は、学年とクラスを言って紹介

- 4年3組にお兄ちゃんがいます。上の子の真似ばかりしたがるので、見ていてハラハラすることも多くて、ちょっと困っています。本人は、「お兄ちゃんよりも友達を増やしたい」と話していますので、皆さんどうぞ仲よくしてください。
- 3年1組にお姉ちゃんがいます。お姉ちゃんが強いので、少しひがみっぽいところもあります。心根はとてもやさしい子なので、皆さんどうぞよろしくお願いいたします。
- 5年2組と3年4組にお兄ちゃんがいます。末っ子のため、甘えん坊ですが、兄弟げんかは日常茶飯事です。その延長でお友達とけんかをしないか心配しています。何か気づいたことがありましたら、いつでも教えてください。よろしくお願いいたします。
- 2才下に○○幼稚園の年中になった弟がいます。小学生になった自覚からか、最近、弟の面倒もよく見るようになりました。だいぶお姉さんぽくなり、私の子育てもラクになってきたと実感しています。どうぞよろしくお願いいたします。

心配事をみんなに伝える

◆活発すぎるわが子は「叱ってください」とへりくだる

● おかげさまで毎日元気に、幼稚園に通っています。活発なタイプで少々勝ち気なところがあります。何かご迷惑をおかけしたときには、どうぞ遠慮なく叱ってください。どうぞよろしくお願いいたします。

● 鈴木雅喜の母です。1組に双子の姉がおります。雅喜と姉はいい競争相手なのですが、姉弟げんかと同様に、学校でもお友達と言い争いにならないか心配です。気づいたことがありましたら教えてください。よろしくお願いいたします。

◆おとなしいわが子は「長い目でみて」「誘ってください」

● 息子は人見知りをするほうで、新しいお友達となじむのに時間が少しかかります。最初のうちはむすっとしていて、愛想のない子と思われるかもしれません。徐々に慣れてくると、一緒に遊べるようになると思いますので、長い目でみてやってください。どうぞよろしくお願いいたします。

● 内弁慶な娘は家ではうるさいのに、外ではすっかりおとなしく、無口になってしまいます。自分からはお友達と遊ぶ約束ができないので、もしよかったら誘ってやってください。どうぞよろしくお願いいたします。

◆子どものアレルギーは、この場を利用し伝える

・娘は赤ちゃんのころから小麦にアレルギーがありまして、これまでも小麦粉の入った食品はすべて除去しています。食べ物のことであれこれとご厄介をかけることになるかと思いますが、それ以外は元気です。どうぞよろしくお願いいたします。
・動物が大好きな息子ですが、ネコにアレルギーがあります。触ったりしなくても、同じ部屋にいるだけで、目が腫れたり、くしゃみが止まらなくなり、喘息のような発作が出ることもあります。とはいえ、普段はとても元気ですので遊んでやってください。どうぞよろしくお願いいたします。

◆引っ越してきたばかり。家の場所を言えば、近所の人が見つかる

・夫の仕事の都合で3月に北海道から引っ越してまいりました。小学校になじめるかどうか気をもんでおりましたが、さすがに子どもは新しい環境に慣れるのも早くて、お友達もすでにできたようです。私も息子に負けないように、新しい生活に早く慣れたいと思っております。家は○地区×班です。わからないことだらけですが、よろしくお願いいたします。
・先月こちらに引っ越してまいりました。幼稚園どころか、近所のこともよくわかりません。早く新しい環境になじみたいと思っております。家は公園通りの△△マンションです。お近くの方がいらっしゃいましたら、仲よくしてください。よろしくお願いいたします。

ママ自身の状況を伝える

◆フルタイムで働いている

看護師として、フルタイムで働いております。毎日預かり保育で6時まで幼稚園にお世話になっております。
お迎えもおばあちゃんに頼むこともあり、皆さんにお目にかかる機会が少ないかもしれませんが、できる限り幼稚園の行事に参加して、親子ともに楽しみたいと思っています。どうぞよろしくお願いいたします。

◆介護をしている

母の介護のため、長年続けていた仕事を3月でやめたばかりです。子どもの入学もちょうど重なり、生活ががらりと変化しました。
こういった事情のために、学校へ足を運ぶことも難しいところもありますが、子どものためにできる限り協力したいと思っております。どうぞよろしくお願いいたします。

◆趣味の話を共有してみる

おかげさまで娘は元気に幼稚園に通っています。子どもが入園して午前中に時間が空くようになったので、ダイエットのためにも、体を動かすことをしようかな、と考えているところです。ヨガやテニスに興味があります。レッスンやスクールなど、習い事の情報を知っている方がいらっしゃいましたら、教えていただけますとうれしいです。親子ともども、どうぞよろしくお願いいたします。

◆妊娠している

このたび6年ぶりに妊娠しております。久々の妊婦生活でとまどうことも多いのですが、明日でちょうど6カ月に入ります。予定日は10月です。秋の運動会のあたりに、第二子を出産予定です。子どもが二人いるという生活がまだまだ想像できません。先輩ママの皆様、色々と教えてください。どうぞよろしくお願いいたします。

◆仕事を始めた

子どもが入学したのを機に、夫の実家の家業を手伝っています。週2～3回程度ですが、久々に外に出て働くということで、新鮮な毎日を送っています。親子ともども、新しい生活に早く慣れたいです。どうぞよろしくお願いいたします。

保護者会と役員決め

父母会、PTA は年度始めにその役員決め、係決めが行われます

幼稚園では保護者会、父母会などと呼ばれる組織、小学校ではPTA 組織となっているところがほとんどで、先生と保護者の代表が役につき、本部役員と各委員会で成り立っています。どちらにしても、在籍する子どもたちのための組織。活動内容や拘束時間はまちまちですが、園や学校（先生側）と保護者とのパイプ役をつとめる、保護者同士の親睦を深めるなどの役割をするのは、どこでも共通のようです。

最初の保護者会で、役員や係を決めます

あらかじめ委員や係の活動内容や拘束時間が書かれたプリントが配られるところもあります。はじめての子どもだと、どれだけ大変なものなのか予測はつきません。予測がつかないのに、最初の保護者会で委員、役員、係決めが行われることがほとんどです。

役員決めのあれこれ体験談

示し合わせたママたちで係を独占

子どもの幼稚園では、以前から友達同士のママが示し合わせて役員に立候補していました。私は知り合いが欲しかったので、何かしら係をやりたかったのですが、そもそも年少組のママは、係の数も少なくできませんでした。このままだと幼稚園では、最後まで係はできないかも。

Aさんの場合

休んだら最後！ 委員任命

最初の保護者会での係決めは、絶対に休んじゃダメ、と先輩ママからアドバイスを受けました。係のなり手がいないので、休んだ人にお鉢が回ってくるのだとか。出席して、係を引き受けられない理由をきちんと述べる必要があるそうです。

Bさんの場合

下の子がいるからと休んでいたら

ちょうど上の子が1年生の4月に下の子が生まれました。産後も体調がよくなかったため、1年生の間は保護者会に出なかったら、まったく知り合いがいない状態に。
授業参観で学校へ行っても誰も知り合いがいません。子どもも学校の話はしてくれないし、情報がなくて困りました。

Cさんの場合

委員になる以外に学校ボランティアも

息子の学校では、保護者会で決めるのは委員だけではありません。１日だけや半日だけの学校での係決めもあります。運動会のときの防犯見回りや、授業参観のときの受付など。委員にならなかった人は、１年間で、子ども１人に必ず１役と決まっています。
委員は荷が重いけれど、こういったボランティアならいつでも歓迎。

Dさんの場合

できない理由が延々と続いて……

役員のなり手がいなくて「働いている」「介護をしている」「妊娠している」「乳児がいる」と先頭のママから「役員ができない理由」が延々と続いたあと、教室内は静まり返り、何とも言えない重い雰囲気に。その雰囲気に耐えきれずに「私やりましょうか?」と、引き受けてしまいました。ほかのクラスでも、私と同じような人たちが雰囲気に耐えきれず役員に。みんな似たようなタイプのママばかり。活動は大変ですが、それなりに頑張っています。

Eさんの場合

委員になっても、やらない人が

子どもが低学年ならばママも「学校のことはよくわかりません」と言えるので、委員になっても面倒な仕事をやらなくてすむ、という話を聞きました。それでも、じゃんけんで委員会の委員長になってしまうこともあります。
ある委員会では委員長になった人が「委員長はやれない」の一点張り。任務をこなさないため、年度途中でほかの人に交替したことがあるそうです。

Fさんの場合

フルタイムママでもできることはある

フルタイムの会社員です。息子の小学校のPTA活動は、基本的に子どもが学校に行っている間に行われるので、日中働いていると参加は難しいもの。「家でもできるような活動をしている委員会はありますか?」と先輩ママに聞いたら、広報委員をおすすめされました。全家庭に向けた会報を制作するのですが、ほかの委員の方が撮影してきた行事の様子の写真をパソコンに取り込んだり、取材してきた原稿の体裁をそろえたり。自分のペースでできる仕事もあるとのこと。これならできそうです。

Gさんの場合

先生からご指名がくる場合も

自宅が学校に近いから、という理由で担任の先生から保護者会の前に「クラス委員をお願いできませんか？」と電話がかかってきました。入学してすぐだったので驚きましたが、先生方もPTA活動に協力的な学校なのかな？と思い、同じように家が学校と近いママと委員を１年間やりました。クラスのママたちが交流できるように親睦会を開いたのが３回。あとは学期始めと終わりにある、保護者会の司会、連絡網のとりまとめ役くらいで、思っていたよりも大変な仕事はありませんでした。

Hさんの場合

安請け合いはトラブルのもと

バザー委員の長を引き受けました。年に一度の大掛かりなお祭りの準備中に「例年どおりでなく簡略化しましょう」「面倒だからこれはやめましょう」と、仕事がラクになるようムダを省こうと提案したら、一部のママから苦情をいただいてしまいました。色々な考えの人がいて、仕事がラクになることをよかれと思わない人もいるんですね。また、園と地域とのつながりのために、面倒でも手間がかかっても過去のやり方を踏襲するのも大切なこと。委員長なんだし、自分流にやっちゃえばいいやと、安請け合いしたことを後悔しました。

Iさんの場合

低学年のうちにやりたくても委員になれない

娘の学校は、子ども１人につき１回は委員をやる、という決まりがあります。１年生はやりたがる人が多い、という噂どおり、最初の委員決めはあっという間に枠が埋まってしまい、やりたい人でじゃんけん。どうしてもやりたかったのですが、じゃんけんで負けてしまいました。これぱかりはどうにもならないので、来年こそどこかの委員にならないと、と焦っています。

Jさんの場合

Case 01

クラスの役員に自分から立候補する

1学期のはじめの保護者会では、クラス委員を決めるのがメインだそうです。
興味があるので、一度やってみようと思っているのですが、図々しく思われないような立候補の仕方ってありますか？

NG対応

- 先生と仲よくしたいという態度
- 子どもをひいきしてもらいたい魂胆
- キャパシティを超えたものへの立候補

OK対応

子どものために役に立ちたいという気持ちをアピールする

誰も立候補がいないなら、ぜひやってみてはいかがでしょうか。第一子の場合は「早く学校に慣れたいと思い、何も知りませんがもしよかったら～」、第二子以降なら「上の子がいて学校行事の内容もわかってきたのでお役に立てたら～」と切り出すと印象がよいと思います。「微力ながら頑張りますので」という控えめな態度が図々しいと思われないコツ。

point

園や学校によっては、役員や係の仕事内容がとてもハードな場合もあります。自分で引き受けられる範囲かどうか、事前によく確認しておきましょう。

Case 02

クラスの役員を反感を買わずに断りたい

- クラス役員をやってくれませんか？と言われました。ほかのママはみんな、下のお子さんが小さいからできないというのです。私はフルタイムで仕事をしているので、平日に幼稚園に行くことは絶対にムリです。「仕事があるからできません」と言えばいいですか？
- 身内に介護者がいるので役員はできないのですが、正直に言っても大丈夫？

NG対応

仕事を理由に「できません！」

ヒマじゃない、という言葉

妊娠予定があるので（妊娠しているなら◎）

OK対応

できることをできる範囲で

役員や係の仕事は、園や学校により熱の入り方もさまざま。面倒なことは引き受けたくないというのが、本音かもしれません。
子どもがお世話になっている園や学校です。
保護者としては、できる範囲でできることを、としたいですね。
働くママも増えていますから、仕事を理由に断るのは難しいかもしれません。「土日にできる係があれば」と、こちらの事情を話してみましょう。
家庭の事情でどうしてもできない場合は、理由を言える範囲で明らかにしましょう。
「病気の身内がいるため突発的な事情が起こりやすいので、今は難しいんです。状況が変わったらお引き受けしますので」というように、角の立たない断り方で。

point

役員活動はあくまでもボランティア、子どものための活動です。負担が大きすぎて生活に支障が出ては元も子もありません。一人で仕事を抱え込むことのないように、周りの人も上手に頼りましょう。

Case 03

条件つきで役員や係を引き受ける

- クラス委員は責任が重そうなのでできませんが、バザー委員は楽しそう。なので、知り合いのママと一緒にやりたいと思っています。逆に、知り合いのママと一緒じゃないなら、やりたくありません。こういった委員のなり方ってひんしゅくですか?
- フルタイムで働いているので、学校に頻繁に出向く係はできません。それでもできることってあるんでしょうか?

NG対応

「〜〜は、できません!」とつっぱねる

「○○さんと一緒じゃなくちゃやりません」と言う

楽をしようという態度がミエミエ

OK対応

知り合いを広げるチャンス

知り合いのママ同士で立候補するのもよく聞く話です。しかし、新入園、新入学は、知り合いや仲よしを広げるチャンスでもあります。同じ価値観の人だと気配りも似ていて楽な反面、新たな気づきがないことも。知らない人だから、と排斥してはもったいないですね。また、長の役割に自信がないなら「どなたかのお手伝いなら」と副の立場を引き受ける、パソコンが得意なら「自宅でのPC業務ならできますが、そういった役割はありますか?」というように、提案してみてはどうでしょうか。

point

すでに役員を経験している先輩ママに、役員や係の事情を聞いてみるのもいいですね。一緒にやるメンバーで活動のやりやすさも変化します。

Case 04
役員や係に誰かを推薦する、一緒にやってほしいとお願いする

- 上の子がいるためなのか、担任の先生から、クラス委員をやってもらえそうなママにあたりをつけておいてくれ、と頼まれました。向いていそうなママはいるけれど、どのようにお願いすれば引き受けてもらえるのでしょうか？
- 知り合いのママと一緒に係をやってみようと思います。どんな誘い方をしたらいいでしょうか？

NG対応

感触が悪いときの無理強い

本人に伝えずに名前を出す

仲よしだけで係を独占する

OK対応

事前の根回しは必要です

やってもらいたい人がいるなら、保護者会の前に、声をかけて相談してみましょう。「あなたがやってくれるなら、きっとみんな安心できるから」というように。ただし、話を持ちかけたときに感触が悪いならばあまりしつこくしないこと。
知り合いと一緒にやろうと思うなら、気楽に誘ってみましょう。でも、その係を希望する人が複数いた場合、「どうしても○○さんとでなければイヤ」と主張するのはおとなげないですね。

point

仲よしのママだけで役員や係が集まると、うまくいっているときはいいのですが、アクシデントがあったとき、とたんに気まずくなることも避けられません。役員や係の活動は、普段は仲よくならないようなタイプの人とも知り合いになれる貴重な機会ですよ。

一緒に役員をがんばったママ友とは、
本当の友達になれることも。

Part 4

ママ友との幼稚園・学校外でのおつきあいあれこれ

４章で紹介するのは、幼稚園や小学校生活以外のおつきあい。ママがやりたくなければやらなくてもいいような事柄ですが「子どものために」やってあげたい、あれこれです。子どもの習い事の始め方や、やめるときの申し出の仕方、お友達の家へ遊びに行くときのお呼ばれマナー、仲よくなれば、おみやげをあげたりもらったり、発表会に呼んだり呼ばれたり。さらにつきあいが深くなれば、子どもを短時間預けたり、預かったり。これらの実例を紹介します。ママの出番は本当にキリがありません。

リアルなママ友とのインターネット上のつきあいも、最近はお悩みにあがる項目といえましょう。インターネットウェブサイトであるSNS（ソーシャルネットワーキングサービス）も含めて、新たなマナーが必要なシチュエーションが考えられます。ママ友にSNSに誘われた場合、参加するかどうか、誘われた以外のほかのママ友にも公開するかどうか……。どうしたいか、自分のスタンスを決めておけば、ネットがらみのあれこれに振り回されることもありません。直接会ってやりとりができるなら、わざわざインターネット上でつながらなくても、という気持ちがあるなら、それを伝えましょう。仕組みがよくわかっていないときは無理して参加しないのが得策。よほど気心が知れている関係ならともかく、リアルママ友とネットでつながるとよけいな軋轢が生じる可能性は否めません。

近頃は小学校に入ると防犯のために、子どもに携帯電話を持たせるママも増えました。学校の中では電源はオフというルールで、防犯・防災上の理由から、携帯電話の所持を許可している学校もあるようです。トラブルのもとにならないように、子どもがどんな使い方をしているか、ママも十分に理解しておくことが大切です。

親子そろってお友達と遊ぶのは、幼稚園時代から小学校入学くらいまでが、一番盛り上がるころですね。仲のよい友達と一緒にお誕生日のパーティ、仮装をして楽しむハロウィン、プレゼント交換のクリスマスなど、どれも子どもが小さいうちだけの楽しみです。

プレゼントは500円が目安とか、お宅を提供するおうち以外で料理を持ち寄りにするとか、参加者同士である程度のルールを決めておけば、負担の偏りも少なくてすみます。

誕生会は大変だし面倒だから私はやれない、というならそれももちろんアリだと思います。いつも友達の誕生会に呼ばれている子どもに「うちはナシ」を納得させるのは、ちょっと大変かもしれませんが、わが家の方針を貫くのにいい機会かもしれません。

習い事をたくさんさせているママは子どものマネージャーのごとく、折衝や調整に忙しい日々を送っていることでしょう。習い事の先生とのおつきあいでは、先生へのつけ届けがやはりママが気になるところ。大手の教室ではそういった贈り物は禁止のようですが、個人でやっているところだと、夏にはお中元、冬にはお歳暮を贈るのが通例のところも。そうでなくても、旅行や帰省のお土産を渡したりと、気遣いをする必要はあるかも。子どものお稽古とはいえ「弟子」として入門して、しつけまでしてくれるような、昔ながらの感覚の教室もあります。

どんなタイプの教室なのか、始める前のリサーチが大切です。子どもの性格、ママがフォローできる範囲かどうか、よく見極めましょう。いくつか見学に回ると、特色がわかってくるはずです。習い続けても、いまいち上達しない、効果がないときは、抗議でなく質問の形で先生に問い合わせを。

どんなやりとりでも、子どもの親としての立場を忘れずに。相手に失礼のないように、やりとりのちょっとしたコツを覚えておきましょう。

面倒だな、と思ったらやらなくてもいいことばかりですが、ここはやはり楽しんだもの勝ち。うまくいかなくて、たとえ失敗してしまっても、落ち込まないでいきましょう。

Case 01

子どもの誕生日にお友達を呼ぶ、お友達に呼ばれて誕生会に出席する

- お誕生日のパーティにお友達を呼びたいと息子が言います。小さいうちだけだと思うので、やってみたいのですが、どうやってお誘いすればいいのでしょうか。
- 娘がクラスのお友達のお誕生会に誘われました。はじめてうかがうお宅なのですが、プレゼントはどんなものを用意したらいいでしょうか？

NG対応

ママ同士が仲いい子だけを招待する

高価なプレゼントを持参する

呼ばれた先でわが家流を押し通す

OK対応

招く側（ホスト側）がルールを取り決めるとスマートです。

お誕生会の主役は子ども。わが子が来てもらいたい仲のいい子、仲よくなりたい子を、家に呼べる人数だけ誘えばいいんです。
このとき、子どもの意向を無視してママがお気に入りの子を呼ぶのは控えましょうね。
お誕生会は何時から何時まで開くのか、子どもだけか親でか、誕生日プレゼントについて（不要あるいは○円以内で）などは、招くほうがルールを決めるとスマートですし、呼ばれた側も気が楽になります。プレゼントの額の目安を示した場合は、ホストはお返しを用意します。プレゼントについて何もコメントがなかった場合は、呼ばれた側で相談して目安を決めましょう。
また、お呼ばれした場合は招く側のご家庭のスタイルにあわせるのがマナーです。子どもだけで行く場合は、呼んでくれたママの言うことを聞くようにわが子に言い聞かせましょう。

point

招いたのはあなたの意思です。招いたからいずれ招かれるはずと考えてはいけません。
せっかく誘われたのに都合で行けないときは、「誘ってくれてありがとう」と気持ちを伝えて。
急病や家庭の事情で突然行けなくなった場合、相手側でプレゼントのお返しの準備をしていることもあるので、用意していたプレゼントを後日差し上げるとよいでしょう。

Case 02
お友達を家に招くときはどうする？ お友達が家に来たらどう対応？

- 子どもが遊びに来ないかと誘われたと言います。気をつけることは何ですか？
- 子どもが急に友達を連れて帰ってきました。相手のママに知らせるべき？
- 友達のおうちに勝手にあがりこんでしまったようです。相手のママに悪いですよね？

NG対応

ダメ、とすぐに帰す

相手の家と連絡をとらない

だらだらと遅くまで遊ばせる

OK対応

相手のお宅に連絡をとって

幼稚園のときは親子で呼ぶ、呼ばれたになると思いますが、小学校ともなれば子どもだけでおうちに行ったり来たりがあると思います。誰の家に行っているか、何時に帰ってくるか、がわかればお互いに安心です。急に来た場合はおうちの人に言ってきた？と確認し、していないなら自宅に電話をさせましょう。
逆にわが子とは急によそのお宅に行かない約束をします。学校帰りにそのままよそのお宅に行くのはダメ、誰もいない家には行かない、呼ばないと、子どもとルールを決めましょう。
また、お友達の家では勝手に冷蔵庫をあけたり、寝室に入ったりなど行儀の悪いことはしないように言い聞かせます。これはよその子がやったときも「うちのルールに従ってね」と言い、やめさせましょう。

point

いつまでもだらだらと遊ばせないために、あらかじめ「5時になったらおしまい、それまでにはおもちゃをしまっておうちに帰る支度をしてね」と伝えます。
終わりの時間が近づいても帰る支度を始めない場合は、「あと10分で5時になるから、ゲームも終わりだよ」と時間で区切って声をかけて。わが家に遊びに来ているときは、お友達にもうちのルールに従ってもらうように。あとでわが子だけ叱ったりせず、同じように注意しましょう。

Case 03

旅行のおみやげ、どうやりとりするとスマート？

- 子どもが幼稚園のお友達から旅行のおみやげの鉛筆をもらってきました。うちは旅行に行く予定がしばらくありません。お返しは必要でしょうか？
- ママ友達が帰省のおみやげをくれました。うちは実家が近所なので帰省のおみやげがありません。お返しはどうしたらいい？

NG対応

子どもがもらったことに気がつかない

きちんとお礼を言わない

恐縮して倍返しする

OK対応

親子ともに、
まずはお礼をしっかりと

食べ物なら「おいしかった」や「はじめていただいたわ」など、食べ物以外なら「めずらしいものをありがとう」「早速使っています」といったように、感想を添えてしっかりお礼を言いましょう。
子どもがもらってきた300円程度のおみやげなら、お礼を言えば、もらいっぱなしでも構わないでしょう。値の張るものなら、お返しを考えてもいいですが、遠出する予定がないのなら「お返しは気長に待ってね」として、あらためて購入する必要はないでしょう。
くれぐれもわが子がもらったのを親が知らない、ということがないように。友達から何かもらったときは必ず親に報告する習慣をつけさせましょう。そして相手のママに会ったときに、あらためてきちんとお礼を言うようにすると、お互い気持ちよく過ごせますよ。

point

おみやげをもらった方とどういうスタンスでこれからつきあうか？を考えるとおのずと対応がわかるはずです。
セレブなおみやげに引いてしまうなら、距離を置く、仲よくなりたいなら、同じようなふるまいをする、といったように。
おみやげをあげる機会が少ない場合、もらいっぱなしが気になるなら家に招くなどほかのことでお返しするといいでしょう。

Case 04

子どものおさがりをもらう、わが子のおさがりをあげる

- 上の子は娘、下は息子です。ママ友から、男の子の洋服のおさがりがあるのでもらってくれないか?と言われました。ぜひいただきたいのですが、お返しなど必要?
- 全然着せていない服をママ友の下のお子さんにぜひもらってほしいのですが、どうやって切り出したらいいですか? 負担に思われたくないのですが。
- おさがりをあちこちからもらうのですが、もういっぱいでしまう場所もありません。上手な断り方は?

NG対応

過度なお返し

もらう約束を無理矢理とりつける

いりません、とつっぱねる

OK対応

あげるほうはもらうほうの負担をなくす工夫を

もらえるものは何でもいただく、ならばありがたくいただきましょう。お礼はなしで構いませんが、何かのついでにいただくのでなく、送料がかかったり、車で運んだりと相手の手間がかかったのなら、ちょっとしたお礼を考えて。
あげたい側ならば、もらう側の負担をなくすようにしましょう。「もらいっぱなしでいいから」「好みに合わないものは別の人に回してね」「いらないものは処分しちゃって」など、タダであげることが鉄則。
もう必要なくなったとき、もらっても困ってしまうようなものの場合は「ほかからたくさんいただくようになったので」「子どもの好みがうるさくなって」と角の立たない断り方を。
気持ちだけはありがたく受け取る、というスタンスでのぞんでくださいね。

point

必要ないものをあげる、もらうリサイクルはいいシステムですが、礼儀は忘れないようにしましょう。
また、「その制服、卒園したら予約ね!」と相手の承諾なしに図々しく決めないこと。あくまでも相手の好意でもらうものです。有無を言わさずとならないように「誰かにあげると約束していなければ……」などと相手を気遣った言い方で切り出して。

Case 05

子どもの友達を発表会に呼ぶ、お友達の発表会に呼ばれる

- 娘のバレエの発表会があります。お友達に来てもらいたいのですが、スマートな誘い方は?
- 息子がピアノの発表会にお友達を呼びたいと言います。負担なく来てもらうためにはどう誘えばいい?
- 子どもがバレエの発表会に呼ばれました。うちからは少し遠い会場です。どうすればいい?

NG対応

誘いっぱなし

相手に負担をかける行為

了承しておきながら、行かない

OK対応

相手の時間を自分の子のために使ってもらうと認識する

バレエであれ、ピアノであれ、子どもの友達を誘うということは、つき添いのママにも来てもらうということになります。誘った親子の時間を、自分の子どものために使ってもらうというわけです。相手にお世話になることと、負担をかけるということを忘れずに。
見に来てくれると了承をもらってからも「お誘いしてご迷惑じゃないかしら?」と何度か確認して。そして観覧の際にしてもらいたいこと（お花や差し入れの要不要）は先に伝えておきましょう。
お花をいただくなら、楽屋に足を運んでもらい、お返しのお茶菓子の準備を事前にしお渡しする。発表会が終わったあとは、見に来てくれた親子にお茶や夕食をごちそうするのもいいですね。最初に見に来てもらいたいとお誘いしたときに、当日ごちそうしたい旨をあらかじめ先方に伝えておきましょう。
また、呼ばれたらできる限り観に行ってあげたいもの。教室によって鑑賞の仕方のしきたりがあるはずなので、お花や差し入れの可否を事前確認し、当日きちんとすませればスマート。

point

発表会当日のお礼がムリならば、日をあらためてしっかりとお茶や食事に誘って、観覧のお礼をしましょう。
呼ばれたほうは、どんな結果であろうと「素敵だったわ」「頑張ったね」とほめるのがマナーです。

Case 06

ママ友の厚意へのお礼はどうする?

子どもの幼稚園のママ友に車に乗せてもらい、
少し遠くのショッピングセンターまで一緒に
出かけました。
その場ではお礼の言葉だけですませてしまったのですが、
やはりガソリン代や駐車場代をお支払いしたほうが
いいでしょうか?

NG対応

- お礼を言わない
- してもらって当たり前という態度
- 相手が渋っているのに頼む

OK対応

いつもお世話になるならば経費分を負担する、折を見てお礼をするなど工夫を

自分は車の免許がなくて、同じママ友に今後も乗せてもらう機会が多くあると予想できるならば、出かけた先で「お茶代は私が払うわ」「駐車場代は私が持つわね」というような形でのお礼をしてはどうでしょうか。

相手に感謝するのはもちろんのことですが、その感謝が相手にちゃんとわかるような態度が大事です。また、相手だけが負担が大きいという関係は、その後ぎくしゃくしてしまう可能性も考えられます。

特に相手に金銭の負担も発生している場合は気をつけて。ガソリン代等必要な経費とはいえ、現金を受け取るのは固辞されたという場合は、「20 回分乗せてもらったお礼に夕食ごちそうするわ」など、お礼の仕方は色々あります。相手のタイプや距離感で工夫してみて。

point

お礼を固辞するママも多いかと思いますが、その場合は子どもにちょっとしたお菓子や好きな文具をあげる方法をとってみては?

ごちそうする、経費分を負担するよりも相手のママも気兼ねなくおさめてくれるでしょう。

Case 07

ママ友と仲よくなりたい。よい誘い方は？

娘の幼稚園のクラスに気の合いそうなママがいて、仲よくなりたいなと思っています。
でも、自分から誘うのは断られたらどうしよう？と気が引けてしまいます。
気の利いた、印象のいい誘い方ってありますか？

NG対応

いきなり携帯の電話番号を聞く

相手の家に行っていい？と切り出す

今度ぜひ、とあいまいに誘う

OK対応

気軽に誘って、
断られても気にしない

ママ同士保育参観の際などに「このあとお茶しない?」というような雰囲気でさりげなく声をかけてみては。何かのついでだと、相手も構えずにいてくれるでしょう。
誘いたいママが下にお子さんがいると、外でお茶はしにくいことも。自分の家に誘うと来やすいかもしれません。「◎月○日ごろ、うちに来ない?」というような誘い方だと「その日はダメだけど◎日なら」と答えやすくなります。
とはいえ、ママは忙しいもの。予定があわずにいつも断られてしまうということもあるでしょう。嫌われているなどと深く考えずに、そういうものなんだと気にしないように心がけましょう。
携帯の番号やメールアドレスを聞くのは、ケースバイケースですがある程度仲よくなってからのほうが無難です。

point

いきなり一対一だと先方も何か難しい話でも?と構えてしまう可能性も。相手のママの反応次第ですが、まずは数人でお茶をするところから始めてもいいでしょう。
また、仲よくなりたいならば「誘われ待ち」ではなく、自分から声をかけること。最初に誘う勇気を持って!

Case 08

わが子を仲よしのママに預かってもらう

・下の子だけを連れていかなくてはならない用事のときに、幼稚園のママが上の子を預かってくれると申し出てくれました。どんなことに注意して預けたらいい？

・伝えていた時間よりお迎えが遅くなりそう！　どう連絡すればいい？

NG対応

何の理由で預けるか言わない

連絡なしにお迎え時間に遅れる

当然のように預ける

OK対応

お世話になる理由と居場所をきちんと伝えて

ママ友宅に自分の子を何時に連れていき、何時に引き取りに行くのか時間をはっきり伝えます。引き取り時刻が昼食や夕食にかかりそうなら食事をお世話になりたいか、辞退したいのか明確に。間違いなく食事時間にかかるなら、預け先の迷惑になるので率直に相談してみて。
引き取り時間がはっきりしないときは、見通しがついた時点で必ず連絡を。約束した時間に遅れそうなら判明した時点で連絡を入れます。自分の携帯電話番号やメールアドレスもきちんと伝えておき、可能な限り用事の内容や行き先も伝えます。電話に出られる状況なのか、メールのほうが助かるか、なども言っておくといいでしょう。
自分の子どもにも連れていけない理由や迎えに行く時間、食事をどうするかもしっかり伝えておきましょう。年齢の低い下の子を預けるときはお気に入りのおもちゃなども持参させて。

point

前もって預けることがわかっていればみんなで食べられるおやつを用意して、預けるときに渡します。
引き取り時間が遅くなる場合は出先でおみやげを買って持参するより一刻も早く帰って子どもを引き取り「お礼は後日にさせてね」と伝えるほうがスマート。
日頃から預けたり預かったりのお互いさまの関係ならば、お礼は臨機応変にしましょう。

Case 09

ママ友の子どもをわが家で預かる

- 昔の上司の不幸があったというママ友の子どもを預かることになりました。
自分の子どもと同じようにごはんを食べさせたり、遊ばせたりして大丈夫でしょうか？
- 預かっている最中に子どもたちを連れて出かけるときは相手のママに連絡が必要ですか？

NG対応

何時まで預かるかきちんと確認しない

お菓子を無制限で与える

相手のママに言わず家をあける

OK対応

子どもに関する情報を
前もって聞いておくこと

ママ友の子どもを預かるときは、お迎えの時間や連絡先に加えて、体調や食べさせてはいけないものがあるか、緊急の場合は電話して大丈夫かを確認しておきます。
預かっているときに家以外のところに行くようならその旨を相手のママに伝えておきましょう。そして相手からの連絡が常に受けられるようにしておくのがマナーです。
預かっているときは、自分の家のルールに従ってもらうように。変に甘やかしたり、悪いことをしたときにわが子だけ叱るといった態度はとらないようにします。
また、特にアレルギーを持っている子どもを預かる場合は、食べるものは持参してもらうようにします。思わぬものにアレルギー反応を起こすことがあるので、持ってきたもの以外は食べさせないようにするのが安心です。

point

預かるのが難しい場合は、早めに断るのもマナー。直前になって都合が悪いと言われると、相手のママも困ってしまいます。
また、預かるのが負担なときは「義理の親が来ている」など、角を立てないような言い方を。ウソも方便です。

Case 10

ママ友とSNS、インターネットの上手なつきあい方

● ママ友のブログに写真を載せてもいい?と聞かれましたが、顔が写っているものを載せて大丈夫?
● 幼稚園のママから Facebook の友達申請が来ました。つながることで何か支障は考えられますか? Twitter などはどうでしょうか?
● LINE でクラスのママのグループに入ったら、早朝から真夜中まで、途切れることなくずーっと話が続いています。量が多すぎてさかのぼれません。

NG対応

写真を含む個人情報を勝手に載せる

無理矢理つながってもらう

悪口を流す

OK対応

個人情報の漏洩には くれぐれも気をつけて！

スマートフォンの普及によって、一段とインターネットが身近になりました。ただ、急速に広がった世界なので、仕組みがわかっていない、ネットモラルのない人も多くいます。ブログにUPするのは全世界に公開していることを心に留めて。
写真を勝手にブログUPするのはやめて、と言って差し支えないでしょう。承認した人物のみ、と公開範囲を決めていても、どこから漏れるかわかりません。
また、休日のお出かけや買ったものをネットにUPしていると、自慢と受け取られることも。ママ友とのSNSのつながりは慎重に。
Twitter や Facebook も公開範囲を制限しているから大丈夫、と何でも書き散らかさないように。面と向かって言えないことは、ネットにも書かないのが鉄則です。また、有名人に絡むと大勢の人に見られるということもおぼえておきましょう。
LINEのグループトークの話も最初のうちはありがちですが、時間がたてば落ち着いてくるはず。全部の話題についていけなくても会ったときにかいつまんで聞けばいいだけです。

point

SNSも上手に利用すれば、情報も早く便利です。そのママがどんなスタンスでSNSをやっているか、よく観察してみましょう。SNSが苦手なら、そう言って断っても何の問題もありません。ただ、自分の側の理由にするのがマナーで、SNSを楽しんでいる人を否定する言い方にならないようにしましょう。

習い事を始めるにあたって

近頃では習い事をさせていない子を見つけるのが難しいほど、子どもたちは大忙し。日替わりで習い事のはしごという子も多いようです。もちろん、送り迎えを担当するママも大変。人気はやはり、水泳、ピアノ、バレエ、英会話……あたりでしょうか。

この本を手に取ったママは、おそらく子どもの入園入学も落ち着いたタイミング。何か習い事をやらせてみようかな？　と考える時期かもしれません。

習い事を始めるにあたっての大前提として、確認しておきたいことがあります。

子どもの習い事で何を期待するのか、ということ。早く上達させたいのか、楽しませたいのか、自信をつけさせたいのか、鍛えてほしいのか（体？それとも心？）……。親の思いや考えがあるはず。始める前に、その思いや姿勢を先生に伝えておくと、習い始めてから、「こんなはずじゃなかった」ということもなくなり、先生も指導がやりやすいでしょう。

子どもが「習ってみたい」と言った、
またはママが「習わせたい」と思った

↓

まずは電話で問い合わせる

子どもが関心を持っているのですが、見学はできますか？
体験授業はありますか？と聞き、一度足を運びます。

↓

体験授業で確認すること

- 月謝、支払日、支払方法（持参なのか、振込か、振替か）
- 休んだときの振替はできるのか、返金はあるのか
- やめるときの手続き
- 始めるタイミング（学期はじめ、月はじめなど、子どもがすんなり入れる時期を聞きます）
- 親のかかわり方（送迎、宿題や練習など家でやること、親の手伝いの有無など）

↓

その場の勢いで決めずに一度持ち帰りましょう。
「夫に相談してきます」と言うといいでしょう。

入会を断るときは

見学や体験をしてみて、入会の可能性がゼロならば、特に連絡は必要ありません。

向こうから連絡があったら

「子どもが乗り気じゃなくなってしまったので、申し訳ございませんが入会しません」

今すぐでなく時間をおいて始めたいなら

「この先、始めるかもしれないのでそのときはよろしくお願いいたします」と伝えます

入るときは

幼稚園や学校とは違い、習い事は行きたくて通っているものです。指導法や方針にも納得して入会を決めたはず。入った後にあれこれ文句を言い触らしたりしないように！　お願い等があるときは教室の先生に個別に相談をしましょう。

やめるとき

わが家の都合、子どもの都合なので、気にせず早めに申し出ましょう。

「お世話になってきましたが、◎○○で子どもの関心がなくなってしまいました」

「家族に病人が出ましたので、続けるのが難しくなりました」

point

やめるときは「立つ鳥跡を濁さず」。教室や先生のことを非難したり、最後に文句をぶちまけたりはしないように。角が立たない理由を伝えるのが、大人の態度です。

check!

文句は言わない

習い事は同じで、別の教室や指導者に移る場合は言わないほうがいいでしょう。

ただし、成績をあげるための塾なら、思うように結果が出ないのでと言ってもかまいません。

困ったときはお互いさま。
次はあなたが助ける番ですよ。

Part 5

ママ友トラブル・困った人の対処法あれこれ

どんなに気をつけて過ごしていても、ある日突然降って湧いてくるのがトラブルです。起きてしまうことが避けられないママ友とのいざこざ、まったく悪気はないのだろうけれど、受け答えに戸惑ってしまう、詮索してきたり、勧誘してきたりの困ったママ友とのやりとり。

友達ならば「それは違うでしょう」「こんなことは困るわ」とはっきり正面から本人に指摘できるけれど、ママ友相手ではなかなかそういうわけにはいかないのが厄介です。

この章ではママ友生活を送るうえで、近頃あり得そうなトラブルの具体例を、ちょっと詳細に、そしてより具体的に、解決法を考えてみました。

これまでの章とは違い、子どもがらみではなく、ママ友相手の対大人のトラブル解決策です。あなたの周りで似たような出来事があったら、役立ててください。解決に向けての参考になれば幸いです。

実例の内容をみて、皆さんはどう思ったでしょうか？「うわ、私も同じことで悩んでいるわ」それとも「くだらない、こんな小学生みたいなことで悩めるなんてヒマね〜」。さて、どちらでしょうか。

持って生まれた性格なのか、それとも周囲のママ友状況がそうさせるのか、ささいなこと（に見えるけれど、本人には大きな悩み）で悩んでいるママは、少なからずいます。思うに、きっとママ友の世界が生活のほとんどを占めているから、ひとつうまくいかないと、絶望的な気持ちになってしまうからではないかと考えました。

解決法にいくつか書きましたが、目先を変えて気分転換することは大切です。今、この状況がずっと続くわけではありません。まず、子どもは成長していくし、ママ友もどんどん変化していきます。少なくとも、幼稚園時代のママ友だと、違う小学校に入ったら自然と疎遠になることが多いでしょう。

もしかすると「私の周りではここに載っていたやり方では通用しなかった」とか「別の対応でもうまくいっ

た」ということもあるかもしれません。

真摯に対応してうまくいく場合もあるし、放っておいて逃げてうまくいく場合もあるし、もちろんその反対で何をしても、暖簾に腕押しとばかりに、相手に通用しないことだってあります。対人関係のトラブルは、相手との関係性も複雑にからみ合うため、こうすれば絶対にうまくいく、という正解や万能薬がないものです。

ただの友達同士とは違い、ママ友とのトラブルは、子どもへの影響も少なからず考えられるので、できればスマートに対処したいところ。ここがママの腕の見せどころともいえますね。

ママ友とのトラブルが原因で、子どもの交友関係にひびが入ったという話を聞くこともあります。トラブルがあったことを「○○ちゃんのママと色々あってね」なんてこぼしていなくても子どもは気づくものです。

だって、これまで一緒にいたお友達のママと一緒にいないのですから、子どもだってあれ、おかしいな、と思うのは当たり前。子どもはそれだけ、自分のママの変化に敏感なものなのです。

誠意を持ってトラブルや困ったママに対応しても、どうしてもうまく解決できなかったら。それはもう仕方がありません。仲直りできるような、そういう縁はなかったということ。平行線のままで、二度と交わることがないのならば、それはそれで時がたてば自然に解決してくれることでしょう。

イライラさせられるようなトラブルで、たとえ相手に腹が立つことがあっても、まずは一呼吸して。本気で怒ったりムキになって売り言葉に買い言葉になることのないように。冷静に、大人の女性としての節度を守って対応しましょう。

紆余曲折を経てトラブルが解決したら、ママ友ともっと仲よくなれるかもしれません。ママ友づきあいのスキルアップも、間違いなしですね。

Case 01

詮索好きのママ友の質問を上手にかわす

- 初対面なのに出身校や夫の職業を聞いてきたママがいます。まだお互いの様子もわからないのに、こういう人にはどう答えればいいのですか?
- 子どもの交友関係や習い事をやたら詮索してきます。何でも知っておきたいママにはどう対応したらいい?

NG対応

中途半端に話題を終わらせる

あなたは?と逆に聞き返す

嘘を教える

OK対応

言いたくない場合は
さらりと流す

初対面でのプライベートな質問は面食らいますね。言いたくない場合は「言うほどのところじゃないの」とさらりと、でもはっきり言えば詮索してこないでしょう。

「そちらは?」と聞いてしまったら、自分も打ち明けないといけなくなるので要注意。

クラスの子どもに関することを何でも知りたいママもたまにいますね。教えて構わないと思うことだけ言っておけばOKです。

一度自分のことを誰かに話したら、色々な人に伝わるというように思っていたほうがいいでしょう。詮索好きの人は、聞いたことをほかの人に話すのも大好き。あまり知られたくないことだったら、誰にも言わないのが安全です。

point

周りが全員打ち明けているのにかたくなに言わないというのも雰囲気が壊れそうですが、事態を予想して「そういうことは言いたくないの」と言うことに何の問題もありません。

Case 02

ママ友のマルチ商法の誘いを断る

化粧品やなべを扱う仕事をするママから、
商品の購入と一緒に仕事をやらないかと誘われました。
まったく興味はないのですが、周りの人たちは買っている
みたい。仲間はずれにされちゃう？

NG対応

おつきあいで買う

パパに相談してから……とあやふやに答える

インチキだからやらない、とつっぱねる

OK対応

「やらない主義なの」と言えばいい

向こうはよかれと思って、親切心で誘っていることも多いので、始末が悪いですね。
興味のないマルチ商法だとわかっている場合は「やらない主義だから」と言えばいいだけ。周りの人が購入していようが、関係ありません。
商品に興味があれば「その商品だけ購入することはできるの?」と聞けばいいのです。
ただし、頭ごなしに「詐欺だから」「インチキだから」と否定するのはよくありません。いいと思ってやっているものを、そんなふうに言われたら感じ悪いですよね?　自分がそのことをどう思っているかを言う必要はありません。ただ、「自分はやらない」と言うだけにとどめましょうね。

point

きっぱりした態度を示さないと、「この人は押せば買うかも?」と思われ、しつこく誘われてしまいます。何度も誘われてから断るのでは、相手のママとの関係もよりこじれてしまいます。
最初に誘われたときに「このママは何を言っても買わない」と思わせるような毅然とした態度をとりましょう。

Case 03

宗教などの勧誘を角を立てずに断りたい

- 集まりに誘われましたが、どうやら宗教関連のよう。興味ないからお断りしたいけど、あとで逆恨みされないか心配です
- 選挙の前に電話がかかってきて、投票を頼まれました。その人に入れないとダメ？

NG対応

いい顔をする

はっきり返事をしない

頭ごなしに否定する

OK対応

躊躇せずに断る。投票は誰に入れたかはわからないから「はい」と言えばOK

どの誘いもそうですが、興味のないものはきっぱりとした態度で断りましょう。「夫がそういうことに過敏なの」と、夫のせいにするのも手です。
何か意に沿わないものに誘われたとき、きっぱりした態度で断ることは大切ですが、「そういうのは嫌い」など強い言葉を使う必要はありません。相手が大事にしているものを頭ごなしに否定すると、今後のママ友関係もやりづらくなります。
きっぱり断って相手のママが「この人は誘ってもムダ」と感じとってくれたらしめたもの。そうではない場合は、徐々に距離をおくようにしてみたらどうでしょうか。
投票のお願いは、「わかりました」と聞いておけばいいのです。実際に誰が誰に投票したかは、絶対にわかりません。

point

誰にでもいい顔をしようと思わないで。きっぱりした態度でないと何度も誘われます。その手の話をしてもムダだ、と思わせるような毅然とした態度がのぞまれます。

Case 04

生命保険に入らないかと誘われたら？

保険会社の勧誘をしているママがいて、学校で会うたびに、保険の加入をすすめられています。
「そのうちね」 とのらりくらりとかわしています。
ノルマがあって大変そうなのですが、もう保険には入っているし。今度声をかけられたらどうしよう？

NG対応

興味がないのにあるふりをする

わからないと言う

相手に期待させる態度

OK対応

実際は違っても
親戚や夫のせいにして
断っても

仕事やお金がかかわる勧誘の場合、少しでもチャンスがあるならと相手も必死です。ここは「ウソも方便」を利用しましょう。
実情は違っていても「親戚がやっている保険にたっぷり入っているの」「夫の会社の関係で、今入っているものは解約できないの」と答えれば角も立ちません。
自分で決められない、わからないという答え方はNGです。相手からすると、「説得すればチャンスはあるの?」と余計な期待を抱いてしまい、前よりも熱心に勧誘してくる可能性があります。
そして、断る際には「力になれなくてごめんなさい」とつけ加えるのをお忘れなく。相手にいやな印象を残さず、今後しつこく勧誘されることもなくなるでしょう。

point

「家に帰って夫と相談するね」と持ち帰ってしまうと、相手も期待してしまい、断るのが大変に。その商品に興味がない、検討する余地もないならば即、お断りを。相手に期待させてから断るのは、NGです。

Case 05

自分の悪口を言われていると聞かされたら

「あなたのこと『あちこちお出かけばかりしていて、自慢話が多い人よね』と○○さんが話していたよ」と、あるママが教えてくれました。週末と夏休みの予定を○○さんに聞かれたので、旅行先を教えただけなのです。本当のことを話したのに、勝手にねじ曲げられてしまうと、何も話せなくなりそう。○○さんとはもう話したくありません。どうつきあっていけばいいのでしょうか？

NG対応

- ○○さんが話を膨らませた、と言い返す
- ○○さんを犯人扱いする
- 悪口を言いふらし返す

OK対応

気にせず放っておくのが一番

相手もあなたの悪口を言ったつもりはないかもしれません。
まず、あなたの家庭では当たり前になっている週末や休みの日のお出かけが、よそのお宅にとっては贅沢なことととられてしまうこともあります。価値観は家庭の数だけさまざまということを、心の隅に留めておきましょう。
また、話しているときに、自慢と受け取られそうな話題になったら、本当のことは言わず、さらりと受け流すようにしておきましょう。特に旅行や買い物の話などはあらぬ誤解やねたみを買ってしまうことも。
悪口を言い返すのは避けましょう。教えてくれたママ自身が○○さんを嫌っていて、オーバーに伝えた可能性もないとは言えません。
悪口が伝わることで、本格的に関係がこじれてしまう可能性もあります。くやしいかもしれませんが、ここはぐっとこらえて、大人になりましょう。

point

それまで仲よくしていた人から悪口を言われたら、とりあえず距離をおいてみましょう。それで気まずくなって疎遠になるくらいならそれまでの仲だと割り切って。
今後も幼稚園や子どもがらみのつきあいがあるなら、小さな噂や行き違いは気にしないで放っておきましょう。

Case 06

ほかのママ友の悪口を言っている現場に出くわしたら

クラスのママたちと話していたら、その場にいない△△さんの噂話に。
よくないと思われている話がみんなの口から出てきました。私は△△さんをよく知らないので、同意していないのですが……。

NG対応

雰囲気を壊さないために話に加わる

悪口には加わらないが相づちを打つ

「そうなんだ」と言う

OK対応

悪口や噂は
自分のところで止める

あきらかに違うという話ならあなたが否定しましょう。悪口を言っている場にいたら同意をしていなくても、あなたも悪口を言ったことになります。
余分なトラブルを避けるためにも、悪口が始まったらすっと輪から遠ざかるというのがスマートなやり方です。
そして、悪口を言われていた当人に「こんなふうに言われていたよ」と伝えるのはやめておきましょう。あなたは親切心から伝えたと思っていても、相手にとっては不愉快なことを伝えてきた人、ととらえられます。また、本来なら些細なことだったはずが、当人に伝わることで大きな騒動になってしまうかもしれません。
悪口からは遠ざかって、なるべくかかわり合いにならないことがママ友ライフを快適にする掟です。

point

その場にいないママ友の話を持ち出すことは、なるべく避けましょう。
自分がいないところで自分の話をされている、というのはあまり気分のいいことではありません。
余計な火種はまかないように。

Case 07

身に覚えのない変な噂を流されたら

- 歳の離れた弟とお茶していたら「若い男とデートしてる」という噂が。まったく違うのに、なんで?
- 仕事を持っています。出張のために上司と新幹線に乗ったのを誰かが見ていたようです。「○○さん、不倫しているんだって」と噂を流されて困っています。

NG対応

泣き寝入りする

あいまいな言い方で否定する

ほかの人の噂を流してごまかす

OK対応

あらぬ噂は
きっぱり否定しましょう

おもしろおかしく話を流す人は、どこの世界にもいるものです。自分がその噂の当事者になってしまったときは、きっぱりと否定を。
噂好きのママ友、スピーカーとなりそうな人に事実と違うということをはっきり伝えると、自然に広まっていくでしょう。
噂の出どころがわかって抗議をしたものの、余計にやましいところがあるのではないか、と噂を広げてしまうことも。
誰が流しているかわかったら「間違った噂で困っている」というように、張本人に何食わぬ顔で相談してみるのもいいかもしれません。
くれぐれも、自分が噂を広める側に回らないように。ママ友のプライバシーに首をつっ込むような真似はやめましょうね。

point

新たな面白い噂があればそっちにみんなの興味も移っていきます。違うことはきっぱり否定しておけば大丈夫。事実でないことは、そのうち誰も口にしなくなります。

Case 08

私、ママ友から仲間はずれにされているみたい？

いつもお茶に誘ってくれるメンバーから最近お誘いがないな、と思っていたら仲間はずれにされていました。
幼稚園バスを待っているときも、目をそらしての挨拶しかしてくれず、話す内容も私の知らない話題をしています。
仲間はずれにされるような心当たりはないのですが……。

NG対応

- 無視しかえす
- 挨拶をしない
- 一人で思い悩む

OK対応

思い当たることがないなら堂々としていればいい

人間同士のこと、ましてや子どもを介したつきあいだから、うまくいかないときだってあります。
あまりにもその状態がつらいのなら、グループの中の誰か一人、一番話しやすい人に「私気づかずに何かしちゃったかしら?」と聞いてみてはどうでしょうか?
心当たりがなくても、もしかしたら知らないうちにあなたの言動で誰かを傷つけてしまっていたかもしれません。何かやってしまったなら、きちんとお詫びをしましょう。
特に思い当たることもなく、問いかけても理由を話してくれないなら、ほとぼりが冷めるまで放っておきましょう。これを機に、新しいママ友を作るほうに心を向けても。

point

子どものママ友だけが自分の交友関係すべてになると、感情の持って行き場がなく、何かトラブルがあったときにつらくなります。
学生時代の友人や働いていたときの同僚など、違う生活をしている人と交流することで、気持ちを分散させましょう。たまにはパパに子どもを預けて息抜きも。

Case 09

子ども同士は仲がいいけれどママとは気が合わない

娘が仲よくしているお友達がいますが、
その子のママはどうも話が続かず、ウマが合いません。
お子さんはとてもいい子で、特に問題はありません。
子どものお友達としては仲よくしてもらいたいのですが、
親子ぐるみで、という感じでは遊べません。別の子と仲よくするように子どもに言っていいですか?

NG対応

- 子ども同士を遊ばせない
- 子どもにママ友の悪口を聞かせる
- 無理に仲よくしようとする

OK対応

子どもの友だちと
親の友だちは別、と割り切る

年齢が小さいほど、親子ぐるみで遊ぶ機会が多いもの。親子とはいえ、別の人格。子ども同士は仲よしでも、その友達のママとはいまいち気が合わないということもあり得ます。
「いつもうちの子と仲よくしてくださってありがとう」と伝えて、ママは割り切って別の方と交流し、子どもだけ仲よくしていればいいのでは？
また一緒に遊ぶ機会が増えれば仲よくなっていけるかもしれません。
子どもの仲よしも、クラスが替われば変わっていくと思います。
お母さんから「あの子と仲よくして」「あの子とは遊ばないで」というように、子どもの交友関係に口出しするのだけはやめましょう。

point

ママ友に学生や社会人のときの友達のような関係を求めていませんか？　子どもを介したつきあいであるママ友に、通常の友人関係を求めるのは難しいものです。
あまり焦らずに、お互いを尊重しながら程よい距離を保つようにするといいでしょう。友達ができない、とあまり思い悩まないように！

Case 10

いつもわが家がたまり場に。正直、負担です

幼稚園バスを見送ったあと、わが家でお茶しない？と誘ったのがきっかけで、お茶を飲んでおしゃべりするのが、恒例に。平日は毎日、なんて週もあります。
ママたちと仲よくなれたし、色々な面で助かることも多いのですが、さすがにわが家ばかり提供する状況はどうなのって思い始めました……。

NG対応

不機嫌な態度で「いつもうちだと困るんだけど」

怒って「○○さんの家にしてくれない？」

ママ友グループから抜ける

OK対応

気の許せる仲なら持ち回りを提案して

「次にお茶するときは○○さんのお宅にお邪魔したいなー。その次は△△さんのところというように順番にしない?」と率直に言ってみては?
「え?どうかした?」と言われたら「ホスト役が続いて疲れちゃって」と笑顔で答えれば「そうだよね、気が回らなくてごめんね」と言ってくれるはず。本音の直球勝負に出ては、内心は「いつも悪いな」と思っているのに「最初に『うちに来て』って誘ったのはそっちじゃない」と反発されてしまうかもしれません。
ポイントは笑顔。それと「わが家はいっさいお断り!」というニュアンスにならないよう「持ち回りがいいな。またわが家のときがあってもOK」とわかってもらえるような言い方がスマートです。

point

うまく提案できないなら、実家に事情を話してひと芝居。
ママ友が集合している時間帯に電話をかけてもらいます。事前に話題を決めておき、実家からの相談にあなたが乗っているような設定にして長電話します。集まりのたびに電話がかかってくることを2、3回繰り返し、次に集まる状況になったら、「ごめんね。母が病気をして弱気になっちゃって電話が頻繁なの。うちにいると長電話になっちゃうから今度は○○さんちでどうかしら?」と。
実際に○○さんのお宅にお邪魔したら、解散のときに「次からは持ち回りにしない?」と提案。○○さんが真っ先に賛成してくれるはず。

Case 11

わが子がほかの子をいじめていた。相手の親御さんにどう謝る？

同じクラスのママから「うちの子から聞いたんだけど」と、うちの娘がどうやらよそのお子さんをいじめているという話を聞きました。いじめをするような子ではないと思うのですが、本当だったら大変なこと。
相手の親御さんにどうやって謝ったらいいのでしょう？
なんて切り出せば穏便にいきますか？

NG対応

- 子どもの話をうのみにする
- いきなり先方に謝りに行く
- 担任が事実を把握していないことを非難する

OK対応

いきなり行動に移さず、冷静に事実確認を

相手の子の親やほかのママ友から知らされたという状況なら、まずは担任の先生に聞いてみること。事実確認をせずにすぐ相手の親に謝ってしまうと、わが子の側に非がある、というのが大前提になってしまいます。
園児の場合なら「いじめ」でなく「いじわる」レベルのことがほとんど。発達段階的には年中組の女児がよく通る道でもあります。男児だとボス的な子にあこがれた子がいつもついて歩き、それを疎ましく感じたボスが邪険にした、というケースも。男女とも実はいじわるされたと感じた子のほうが先にちょっかいをかけて原因を作っていたということも。相手の子が親の気を引きたくて大げさに話をしたということも園児ならあり得ます。
状況は担任が把握していますから、誤解であれば「私から相手の親御さんにそれとなくお伝えしますね」と言ってくれるかもしれません。

point

小学生の場合も担任に確認するのは同じ。間違いなく「いじめ」であるなら大人に隠れてやることも考えられます。やる側は複数であることが多いので、親も複数で出向いて相談すればよい対応策が見つかりやすいでしょう。謝るべきだ、という結論になったときは、まずわが子と「なぜ謝る必要があるのか」をじっくりと話し合い、納得させてから親子で出向きましょう。担任立ち合いのもと、学校で謝る場面を作れるといいですね。

Case 12

ママ友が承諾なしにSNSにうちの子も写っている写真をUP。取り下げてもらいたい!

全員に公開しているママ友のFacebook。うちの子も鮮明に写っている写真がUPされていました。ご丁寧に撮影場所や名前まで書いてあります。
「載せてもいい?」と聞かれた覚えも了承した覚えもありません。取り下げてもらうにはどうしたらいいでしょうか。

NG対応

- 正攻法で「非常識よ!」「肖像権の侵害よ!」と非難する
- ほかの人に言いつける
- 負けじと自分も写真をUPする

OK対応

やんわりと言葉をかけ、ウソでも夫のせいにして

ここは夫の出番。「うちの夫が見てしまったのよ。こういう時代だから、顔写真の露出は心配だと言い出して。削除していただけないか聞いてくれって言っているの。お願いできるかしら?」と夫が神経質なことにしてしまいましょう。

「せっかくUPしてくださったのに、ごめんなさいね」と、フォローの言葉がけも忘れずに。

今後もう同じようなことをしてもらいたくないなら「うちの子は顔出しNGなの」ときっぱりとほかのママ友にも宣言しておきましょう。

point

相手の削除をSNSで確認できたら、きちんとお礼を伝えましょう。

取り下げをお願いしておきながら、自分がわが子やお友達の写真を平気でUPするなんていうことは論外です。これから先のSNS上でのつきあい方も気をつけましょう。

あなたがインターネットやSNSに詳しいなら、情報流出は怖い、ということをお友達に教えてあげてもいいかもしれません。

Case 13

幼稚園に送ったあとの外お茶。金額が負担だけどまったく誘われないのもさびしいし……

息子を幼稚園に送っていったあと、数人のママ友で、毎回コーヒーショップに誘い合ってお茶をしています。金額的にも負担だけど、かといってまったく誘われないのもさびしいし。どうやったら角を立てずにお茶の回数を減らせるんでしょうか？

NG対応

ずるずると毎回つきあってお財布がピンチ！

ママ友づきあいすべてを控える

おごってもらえるようにもっていく

OK対応

正直にお金がないと言うか、都合で参加できないと言うか……

「実は夫の会社、最近業績が悪化しちゃってお給料が下がったの。お小遣い減らしてもらったのに、私だけしょっちゅうお茶するのは気が引けて……できれば3回に1回（週に1回、月に1回など自分の事情に合わせて）くらいに誘ってくれるとうれしいな」と、正直に言えるお仲間だといいですね。
もう少しオブラートに包みたいなら「資格を取る勉強を始めることにしたの。子どもが幼稚園に行ってる間しか時間がとれないからこれからはあんまりお茶できないけど、応援してね。でも息抜きも必要だから時々まぜてね」という言い方はどうでしょうか。

point

時々は仲間に入れて、というように話をしたら、ほかのママも回数が減らせて喜ぶかも?
お茶に行く回数を減らせたら、これを機に本当に勉強を始めてみるのもいいかもしれません。資格は持っていて損はありません。いつか役立てられる日が来るかもしれませんよ。

Case 14

とても仲よしだった ママ友と些細なことで 疎遠になってしまった

子どもが年少組のときにすごく仲よくしていたママ友と、些細な出来事で疎遠になってしまいました。
別の友達と仲よくしようと思っても、どうしても気になってしまいます。また前のように仲よくしてもらいたいけれど、難しいかも。どうしたらいいでしょうか？

NG対応

- 子どもに愚痴をこぼす
- ほかのママにそれとなく噂をきく
- 先生に相談する

OK対応

あまり深刻にならず、前向きに考えて

些細なことが原因なら、そのうちにまた仲よくできる日が来るかもしれません。もし自分に悪いところがあったと自覚があるなら、その点を直すように努力し、顔を合わす機会があったら、これまでどおりに挨拶だけはすること。
いつまでも落ち込んでいては毎日楽しくありません。自分の悪いところを気づかせてくれた恩人だ、くらいに思っていましょう。前向きに考えていれば、新しいママ友もきっと見つかります。
わが子に「ママね、○○ちゃんのママとけんかしちゃって……」と決してつぶやかないように。子どもはママが暗い表情でいると、自分まで陰鬱になります。賢い子、優しい子ほど「私（僕）が○○ちゃんと仲よくするとママはイヤなのかな？」と気を回し、子どもの交友関係にも影を落としてしまいます。

point

ママ友作りに焦りすぎるより、ちょっと気分を変えてみるのもおすすめです。スポーツジムで体を動かしたり、学生時代の友人や働いていたときの知人に会っておしゃべりしたり、以前から興味のあった習い事を始めてみたりするのはいかがでしょうか。
ママが落ち込んでいると、子どもも心配します。家庭はママの笑顔が何より大切です。

幼稚園・学校でのママの挨拶

成功する挨拶とは？

まず自分の立場を
はっきりとさせること

話が上手でなくても気持ちが伝わり、心に残る挨拶はあります。大切なことは挨拶する場と相手を考え、自分の立場をはっきりさせること。同じ行事でも主催者側と招かれた側では立場が違い、伝えることが違います。また、役員として話すのと、子どもの親として話すのとでも内容が違ってきます。

状況や立場、会合の内容をしっかりと意識して伝えるべきことを明確に。ピントのずれた挨拶や横道にそれた話をダラダラと続けるようなことは避けましょう。

◆好感を持たれる挨拶5つの要素

1　メッセージをはっきりさせる

入学式などの祝辞では「おめでとうございます」、自己紹介なら「よろしくお願いいたします」という一言です。これをはっきりさせることで、挨拶の目的も明確になり、心に届く挨拶になります。

2　話題をしぼって短く簡潔に

ダラダラと長いスピーチは敬遠されます。結局何が言いたいのか伝わらないうちに終わってしまうことのないように、話題は欲張らず自分の立場に合ったものにしましょう。

3　自分の言葉で表現する

普段使わないような難しい言葉、儀礼的な言葉ではママのスピーチには似合いません。無理してくだける必要はありませんが、気持ちを素直に表現するほうが好感を持って聞いてもらえるはずです。

4　非難したり、自慢したりしない

暗い話題や、非難するような言葉、自慢話は聞いていて気持ちのよいものではありません。一部の人にしかわからない偏った話題もいやがられるので注意しましょう。

5　話し方に気をつける

内容のしっかりしたよい挨拶でも声が小さかったり、早口だったりして、聞きづらいと好感度は下がります。姿勢をよくして、表情にも気をつけて。見た目も大事です。

緊張対策と乗り切り方

あがって当たり前、と気持ちをラクにして

普段から人前で話し慣れている人ならともかく、大勢の前でのスピーチや、あらたまってする挨拶は誰でも緊張するもの。あがるのは当たり前、とまず開き直りましょう。「うまく話そう」「失敗してはいけない」と思うとよけいに緊張します。大切なのはすらすらと流暢に話すことではなく、きちんとメッセージを伝えること。「少しくらい失敗しても大丈夫」というくらいの気持ちで臨みましょう。途中で言葉に詰まったら、「慣れないことで緊張しておりますが、お許しください」と言って、仕切り直してもかまいません。

◆「緊張してあがっちゃう」を乗り切る5つの心構え

1　呼吸を整える

静かに深く息を吐いて、気持ちを落ち着かせましょう。いったん肩に力を入れてフッと力を抜くと、肩の緊張もほぐれます。

2　ゆっくりと挨拶に臨む

自分の名前が呼ばれたから、とあわてて始めることはありません。ゆっくりと挨拶の場まで移動してゆっくりとお辞儀をし、ゆっくりと話し始めれば大丈夫。

3　味方に向かって話をする

うなずく、笑うなど、話に反応して聞いてくれる人が「味方」です。知り合いがいればその「味方」に向かって話をしましょう。うなずきながら聞いてくれている様子を見れば落ち着きます。余裕ができたら全体に視線を配るようにしましょう。

4　時間に余裕を持つ

時間に余裕を持ち、落ち着いて挨拶の場に立てるように予定を組みましょう。あわてて支度をすると忘れものをしたり、髪型や化粧、服装などの身だしなみが中途半端になりそれだけで落ち着かなくなるものです。

5　周囲の流れに乗る

ほかの人の話を聞いたり、出し物を見たり、自分の挨拶の番まで行事や式典に参加しましょう。自分の挨拶のことばかり考えていると、緊張は高まるばかり。周囲の流れに乗りましょう。

保護者会での挨拶例

◆クラス委員として保護者会での始めの挨拶

皆さん、本日はお集まりいただき、ありがとうございます。
クラス委員の木村です。
これからりす組の1学期保護者会を始めたいと思います。
よろしくお願いいたします。

> まずは出席者へのお礼と自分の立場を伝える自己紹介を。

今日の保護者会ではまず担任の山下先生から、クラスの様子をお話しいただきます。
そのあとは、はじめての保護者会ということで、皆さんに簡単に自己紹介をしていただきたいと思います。

> 「まず～」「次に～」と、話すテーマをあげて何が行われるかはっきりわかるようにします。「本日は3点テーマがあります。まず1つめは～」というような話し方でもOK。

入園してすぐですので、幼稚園生活にも慣れるのはこれからと思います。
最近のお子さんの様子などぜひお話しください。
だいたい11時までには終わる予定です。どうぞ最後までご参加ください。
それでは先生、よろしくお願いいたします。

◆クラス委員として保護者会で終わりの挨拶

皆さん、予定の時間を5分ほど過ぎてしまいました。
本日はそろそろ終了にしたいと思います。
今日は先生より、子どもたちの様子を映したDVDを見せていただいたり、互いの自己紹介の中で、同じような悩みを持っているんだな、と安心したり、とても有意義な時間を過ごせたことと思います。
これを機に、皆さんでよい情報交換ができたようで何よりです。
保護者会は毎学期、最初と終わりに各1回の予定です。
何かありましたらお気軽にクラス委員までご連絡ください。
今日は長い時間お疲れさまでした。次回もまたよろしくお願いいたします。
それでは気をつけてお帰りください。ありがとうございました。

最後は出席者へのねぎらいと感謝の言葉。そして次回につながるような言葉で結びます。

全員が参加できるように心配りを

お互いをよく知らない1回目の保護者会では自己紹介をし合うことがほとんど。一部の人だけでなく、参加者全員が何かしら発言できるような工夫をしましょう。開始の挨拶は内容をわかりやすく説明。終わりの挨拶ではその会で何が行われたか簡単にまとめて、もう一度全体の確認をして同意を得たり、感想をまとめて話します。

式典での挨拶例

◆入園児の保護者代表として入園式の謝辞

ただいまご紹介にあずかりました。斎藤と申します。
○○年度入園児の保護者を代表いたしまして、一言ご挨拶を申し上げます。
本日はこのように立派な入園式を催していただきまして、誠にありがとうございます。
また、お心のこもったお祝いの言葉をたくさんいただき、感謝の気持ちでいっぱいです。
皆様方のお言葉を聞き、そして先生方の子どもたちに対する明るくやさしい接し方を目にして、みどり幼稚園に入園できた喜びをあらためて感じております。自然に恵まれたこの園で、子どもたちはたくさんの経験をし、学んでいくことでしょう。
園の教育方針にもありますような「こころもからだもげんきなこども」になってほしいと願います。
子どもたちとともに、私どもも、早くこの園生活に慣れ、そして立派な一員となれますよう、努力してまいりたいと思います。
園長先生はじめ先生方、そして父母会の皆様には、教えていただくことや助けていただくことがたくさんあるかと存じます。
どうぞよろしくご指導くださいますよう、
心よりお願い申し上げます。
本日はありがとうございました。

はじめに保護者の代表である立場をきちんと述べる。

結びに感謝とともに忘れずに伝えたいのは、指導を願う言葉。

◆入学児童の保護者代表として入学式の謝辞

ただいまご紹介にあずかりました。小林と申します。新入学児の保護者を代表いたしまして、一言ご挨拶を申し上げます。本日はこのように立派な入学式を催していただき、また、ご来賓の皆様にはお忙しい中、ご臨席いただきまして誠にありがとうございます。

子どもたちがここまで育ち、無事に小学校入学という大きな節目を迎えましたことは、私どもにとりまして、それだけで大変うれしく、感慨深いものでございます。

さらに、皆様からはあたたかいお祝いや励ましのお言葉をいただき、先ほどから感激するばかりです。子どもたちも子どもたちなりに、いただいた言葉を受け止めてくれていることと思います。

本日まで、不安もございましたが、このように子どもたちをあたたかく迎えていただき、今はありがたく、ホッとする気持ちでいっぱいです。この恵まれた環境で、子どもたちがのびのびと6年間を過ごし、たくさんのことを学んでくれることを願うばかりです。

私どもも、今日のこの日の感激を忘れず、子どもとともに成長できるよう努力していきたいと存じます。先生方やご来賓の皆様方にはこれからも親子ともどもご指導いただきますよう、心よりお願い申し上げます。

結びにもう一度皆様に感謝申し上げ、簡単ではございますが、お礼の言葉とさせていただきます。

本日はありがとうございました。

呼びかけるときは、その人のほうへ視線を向けると気持ちが伝わります。

入園・入学の謝辞で気をつけること

◆何に感謝するのかわかりやすく話す

1　式を催してくれたことに対する感謝

「本日はこのような盛大な式を催していただき誠にありがとうございます」
「本日はこのように心あたたまる式で迎えていただき、感謝の気持ちでいっぱいです」

2　式に出席してくれたことに対する感謝

「ご来賓の皆様にはお忙しい中ご列席賜り、心より感謝申し上げます」
「ご来賓の皆様には、貴重なお時間を子どもたちのためにあてていただきまして、深くお礼申し上げます」

3　祝辞をいただいたことに対する感謝

「心あたたまるお言葉をちょうだいし、ありがたく胸がいっぱいでございます」
「あたたかいお祝いの言葉をたくさんちょうだいし、大変うれしく存じます」

✖形式的にならないように注意する

入園、入学の謝辞は先生方や来賓に向けた挨拶です。ていねいに感謝や喜びの言葉を述べましょう。代表という立場での挨拶です。自分の子どもの個人的な話題は避けて。すらすらとしゃべると形式的なものに聞こえがちです。気持ちを込めて話しましょう。

◆卒園式で卒園児の保護者としての謝辞

桜の花も咲き始めたこの春の日、子どもたちは無事に卒園の日を迎えました。

園長先生、そして先生方、大変お世話になりました。本当にありがとうございます。

まずは、一番伝えなくてはならない、先生方への感謝の気持ちを伝えます。

いつも明るく「おはよう!」と子どもたちを迎えてくださった先生方。毎朝先生方の笑顔に迎えられて、子どもたちは元気に幼稚園に通えました。教室で、園庭で、元気に過ごすことができました。

たくさんの行事もありました。お友達と手をつないで歩いた遠足、ドキドキしたお遊戯会、大好きな先生方と一緒に夜を過ごしたキャンプ、一生懸命練習した運動会、思い出してみるときりがありません。どの行事も子どもたちの心に刻み込まれていると思います。

送迎や親が参加する行事の多い園では、親子ともに印象深い思い出を具体的に入れても。

子どもたちの成長を見て、思わず涙してしまったことなど、私ども親にとっても忘れられない思い出をたくさんつくっていただきました。

子どもたちはこのみどり幼稚園で多くのことを学び、成長しました。

集団生活での約束や努力することの大切さ、お友達への優しさなど、子どもたちが学んだことは、小学生になっても、中学生になっても、ずっと子どもたちを支えていってくれることと思います。

やさしく、ときに厳しく、あたたかく子どもたちをご指導くださいました先生方には感謝の気持ちでいっぱいです。心より御礼申し上げます。

最後になりましたが、先生方のご健康とご多幸、みどり幼稚園のますますのご発展をお祈りいたします。

今までお世話いただき、本当にありがとうございました。

感謝の言葉は何度伝えてもOK。さらっと流してしまわず、気持ちを込めて話しましょう。

お世話になった 感謝の気持ちを伝える言葉の例

「この幼稚園でつくったたくさんの思い出は子どもたちにとって一生の宝物となるでしょう」

「子どもたちとともに、私ども親もたくさんのことを学び、成長させていただきました」

「本日このように子どもたちが立派に卒園していけますのも、入園してから今日まで、先生方が日々子どもたちをあたたかくご指導してくださったおかげです」

「人間として大きく成長するこの時期、なかよし幼稚園でのびのびと過ごせたことは子どもたちにとりましても、私ども親にとりましても、とても幸せなことでした」

「あんなこともあった、こんなこともあったと、ひとつひとつ思い出すたび、ありがたく感謝の気持ちで胸がいっぱいになります」

「先生方には、私たち親とも親しくおつきあいいただき、子どもを育てるうえで多くのことを教えていただきました」

行事の思い出、子どもたちの成長も具体的に

卒園式の謝辞は先生方への感謝を込めた感動的な挨拶が期待されます。行事の思い出、子どもたちの成長の様子など具体的に盛り込むと、出席者も共感しやすく、気持ちが伝わります。一言一言ていねいに話しましょう。

◆運動会での開会の挨拶

おはようございます。

今日は皆さんが楽しみにしていた運動会ですね。みんなが作ったてるてる坊主が、願いをかなえてくれてお天気もこんなによくなりました。

入場行進も立派にできていましたよ。このあとも、ダンスやかけっこなど、今まで一生懸命練習してきたことを、お父さんやお母さん、見に来てくださった方に、元気いっぱい見せてくださいね。楽しみにしています。

> たとえ曇り空でも、「運動するにはちょうどいい」「雨が降らなくて本当によかった」と肯定的に表現しましょう。

ご来賓の皆様、本日はお忙しい中、子どもたちのためにお越しいただきましてありがとうございます。皆様もどうぞ大きな拍手と声援で子どもたちを応援してください。

ご来賓や保護者の方の参加行事もあります。ふるってご参加ください。

それでは皆さん、今日はケガのないよう、元気に頑張りましょう。

> 子どもたちには励ましの言葉をかけましょう。「失敗しないように」と緊張させる言葉は言わないように。

始めも終わりも手短に

開会式の挨拶はわくわくしている子どもたちのやる気を損なわないよう、手短に。元気に話すことも大切です。閉会の挨拶も短めにしますが、保護者の代表として先生方や来賓、ほかの保護者に対して感謝やねぎらいの言葉も忘れずに伝えましょう。

◆運動会での閉会の挨拶

園児の皆さん、今日はとても頑張りましたね。年少さんの鈴割りも、年中さんの玉転がしも、年長さんのリレーも、どれもとても立派で素晴らしかったです。ダンスもそろっていましたね。練習からずっと頑張ってきたみんなのおかげで、素敵な運動会になりました。

> 運動会を頑張った子どもたちへのねぎらいをまず始めに。たくさんほめてやり遂げた充実感を与えて。

園長先生をはじめ、先生方には熱心なご指導ときめ細やかなご準備をいただきました。今日の運動会では子どもたちの確かな成長を感じ、親としても頼もしく、喜ばしく、心から感動しました。本当にありがとうございました。

> 子どもたちを見た親としての感想を述べると、ママらしい挨拶になります。ほかの保護者の共感も得られます。

ご来賓の皆様においては子どもたちへの声援や拍手、競技への参加とおつきあいいただきまして心より御礼申し上げます。子どもたちも喜んでいることと思います。

保護者の皆様、今日はお疲れまでした。頑張った子どもたちを、おうちでもどうぞたくさんほめてください。

走ったり、踊ったり、頑張ったみんなはとても疲れたでしょう。

明日はゆっくり休んでくださいね。

今日は本当にありがとうございました。

> 子どもたちに向けた言葉から少し間をおいて、全体に向けた挨拶でしめましょう。

連絡帳での先生とのやりとり文例

◆欠席の連絡（当日なら連絡帳を近所のクラスメートに託す）

発熱

いつもお世話になっております。昨日夕方より熱が出ました。今朝は38℃あります。おなかの調子も悪いので本日はお休みさせていただきます。よろしくお願いいたします。

もう一日休みます

昨日、○○くんから宿題のプリントを受け取りました。ありがとうございました。宿題は明日持たせます。おかげさまで熱はすっかり下がったのですが、まだ咳込むことがあり、大事をとって今日はもう一日自宅で様子をみます。明日の校外学習には参加しますので、どうぞよろしくお願いいたします。

欠席中に近所の友達を通じて手紙や宿題のプリントをもらった場合は、お礼を一言添えましょう。

間近に行事の予定がある場合はその準備や練習、当日参加できるかどうかを先生も気にしていますから、注意しましょう。

終業式を欠席します

1学期の終業式を欠席させていただきたく、ご連絡さしあげます。法事で田舎に帰る出発の日が、夫の休みの都合で20日になってしまいました。ご迷惑をおかけいたします。どうぞよろしくお願いいたします。

あらかじめ私用で欠席することがわかっている場合、早めに連絡をしましょう。行事に重なる場合はなおさらです。前日にもう一度「先日ご連絡しましたが……」と連絡するとていねいです。遅刻や早退の場合も同様に。

◆遅刻（当日なら連絡帳を近所のクラスメートに託す）

落ち着いてから登校

朝、おなかが痛いと言い出しました。ほかに症状はありません。しばらく休めばよくなると思いますので、様子をみて、落ち着いたら登校させます。よろしくお願いいたします。

病院に寄ってから

明日8日は先日受けた検査結果を聞きに病院に寄ってから登校させます。3時間目には間に合うと思います。よろしくお願いいたします。

遅刻する場合、どれくらいの時間に登校できそうかわかれば書いておきます。

◆早退

病院に連れていくので

このところずっと膝が痛いと言っており、よくならない様子なので午後に整形外科に連れていこうと思います。そのため、午前中で早退させていただきます。給食が終わったころに迎えに行きます。よろしくお願いいたします。

早退の場合は迎えに行くことと、その時間をはっきりさせましょう。子どもには連絡帳を朝のうちに先生に出すように伝え、早退のことを自分の口からも言わせます。

理由をはっきり明確に

欠席、遅刻、早退の連絡はその理由をできる限りはっきりと書きます。連絡帳は用件を手短にまとめますが、あまりに簡単すぎても失礼な印象になります。先生への配慮も忘れずに。

◆体調についての連絡

体育を見学

いつもお世話になっております。日曜日に公園遊びをしていたところ、足首をひねってしまいました。病院で診てもらったところ骨に異常はなく、ねんざのようです。様子をみたほうがいいとのことで湿布をしています。今週は体育を見学させてください。
おとなしくしているように言い聞かせてありますが、本人はそれほど痛みはなく、体育を休みたくない様子です。大変ご面倒をおかけしますが、もし体育に参加しそうでしたら注意していただけますようお願いいたします。

お騒がせしたことのお詫び

昨日はお電話をいただきましてありがとうございました。歯医者に連れていったところ、特に神経にも異常はないとのことです。ただ、強くぶつけたのでしばらくは痛みがあるかもしれないとのことでした。
息子の不注意で転んでお騒がせしまして、大変申し訳ありませんでした。廊下を走らないようによく言い聞かせました。ご心配いただいた校長先生、養護の武田先生にもどうぞよろしくお伝えくださいませ。

ケガをしたり、体調が悪くなるなどして学校から連絡をもらったら、その後の報告を忘れずに。連絡のお礼は始めに書きます。

子どもの不注意で心配をかけたときは一言お詫びを。担任の先生以外にもお世話になったらよろしく伝えてもらえるようにお願いします。

まだ本調子ではない

欠席中は心配りをしていただいてありがとうございました。やっと熱も完全に下がり、元気になりました。

今日から登校させますが、おなかはまだ本調子じゃないようです。我慢しないように言いましたので、もしかしたら授業中にトイレに立つことがあるかもしれません。申し訳ございませんが、ご配慮くださいますようお願いいたします。

> いつもと同じように過ごせないようなら、子どものためにも詳しく報告を。誤解のないように配慮をお願いしましょう。

長期間休むことになりそうです

お世話になっております。このところおなかが痛いといって欠席や早退を繰り返していましたが、昨日大きな病院に連れていったところ、一度入院をして精密検査を受けたほうがいいという結論になりました。検査結果によって入院期間も変わりますが、1週間は学校をお休みすることになりそうです。またあらためてご報告にうかがいますが、長期間休む場合の届け出用紙などありますでしょうか？　診断書など必要なものがありましたら教えてください。よろしくお願いいたします。

> 長くなりそうな内容や重要な連絡は連絡帳だけですませずに、直接先生と話すようにしましょう。

> 長期に欠席する場合など、必要書類、届け出の方法などわからないことはあらかじめ聞いておく。

体調の報告はわかりやすくこまめに

欠席、遅刻、早退のほかにも、体育の時間の見学など子どもの体調に関する連絡は意外と多いものです。具合の悪いときはこまめに、具体的に報告すると先生も状況がわかり、安心します。また、配慮をお願いしたいときには、先生の負担にならないようにていねいに伝えましょう。

◆その他の諸連絡

教科書が見当たりません

いつもお世話になっております。浩平の算数の教科書が 21 日の月曜日から見当たらないようです。家でもよく探しましたが、見つかりません。隣の席の子にも聞いてみたそうですが、見つからなかったそうです。恐れ入りますが、ほかのお友達のところにまぎれていたりしていないかどうか、確認していただけないでしょうか？　お手数をおかけしまして申し訳ありません。どうぞよろしくお願いいたします。

子どもの不注意からの探し物で先生にお願いする場合は「～していただけないでしょうか」「～していただけると助かります」といった書き方をすると、ていねいな印象になります。命令口調にならないように気をつけて。

宿題ができていません

昨日、良太が学校から帰宅後、熱を出しすぐに寝てしまいました。今朝はすっかり熱も下がり、元気になったのですが、このような訳で宿題のドリルができませんでした。本人がとても気にしているので、ご報告いたします。申し訳ありませんが、どうぞよろしくお願いいたします。

目が悪いので前の席にしてほしい

眼科検診で再検査になりましたので、校医の〇〇眼科を受診しました。眼鏡はまだ必要ないようですが、やはり黒板の字は見づらいだろうとのことでした。こういった状態ですので、席を前のほうに替えていただけますでしょうか？　次の席替えの際にご配慮いただけますと幸いです。よろしくお願いいたします。

面談の日程調整 1

お世話になっております。家庭訪問の希望日ですが、5年生の姉が5月14日（火曜日）の3時からとなっております。仕事をしております関係で、悟も同じ14日の、違う時間帯にしていただけないでしょうか?
わがままを言って申し訳ございませんが、どうぞよろしくお願いいたします。
もし14日が無理なようでしたら、21日（火曜日）でお願いいたします。

家庭訪問、面談などの日程調整は大変なもの。お願いするときは第1希望だけでなく、できるだけほかの日付もあげましょう。

面談の日程調整 2

個人面談のスケジュール変更についてご連絡いたします。先日いただいていた予定表では15日の2時30分からでしたが、都合がつかず、12日3時15分からの高木さんに替わっていただきました。
12日にうかがいますので、どうぞよろしくお願いいたします。

ほかの人と日程を替わってもらった場合は間違いのないように名前だけでなく、日にちや時間をはっきりと書いて伝えます。

連絡帳は上手に活用して

連絡帳は学校と家庭を結ぶアイテムです。緊急の用件以外は連絡帳ですませます。文書にすれば内容も残るので間違いも少なくなります。特に子どもが低学年のうちは口頭説明があやふやになりがち。連絡帳を上手に活用し、先生とコミュニケーションをはかりましょう。

通知表の「家庭から」の文例

学期の終わりにもらう通知表には「家庭から」という通信欄を設けてある学校もあります。夏休み明けと、冬休み明けに通知表を学校に返す際、保護者がコメントを書き込みます。先生からのコメントを受けて返答を書いたり、家庭での子どもの様子、成長したところ、今後希望することなど、できるだけよいところを書くようにします。

少しずつお友達も増え、学校に行くのが楽しみになったようです。長い夏休みを過ごしたあとなのでスムーズに登校できるか少し心配ですが、2学期もどうぞよろしくお願いいたします。

だいぶしっかりしてきたように思えます。最初は給食に苦戦していたようですが、お友達の励ましで残さず食べられるようになったという報告で、とても安心しました。家でも好き嫌いが少なくなり、量もたくさん食べられるようになりました。2学期もこの調子でと願っています。

先生へ提出して、お返事がもらえる毎日の日記が楽しみで仕方なかったようです。自宅で机に向かってあれこれ考えながら書く様子を見て、だいぶ集中力がついたように思えます。2学期もご指導のほどどうぞよろしくお願いいたします。

おかげさまでお友達にも恵まれ、学校がとても楽しそうです。育っ張りだった保育園時代とは違い、夜も9時にはぐっすりと寝てくれるようになりました。2学期も変わらず元気に登校してもらいたいです。

引っ込み思案でおとなしいタイプなので、まだまだクラスになじめないところもありますが、子どもなりに一歩ずつ成長してくれればと思います。どうぞ2学期も引き続きよろしくお願いいたします。

2学期は運動会や遠足、学芸会とたくさんの行事があり、たくさんの思い出ができたようです。親子ともにあっという間に過ぎていきました。3学期はしっかりと授業に取り組んでもらいたいです。

5月に弟が生まれて、赤ちゃんがえりのような出来事もありましたが、だいぶ落ち着いてお兄さんらしくなってきました。残りの1年生生活を存分に楽しんでもらいたいです。

何をやってものんびりしていて、親としてもとても心配です。提出物も間に合わなくて、何度もお手数をおかけしまして大変申し訳ありませんでした。2学期からが大変と本人にもよく言い聞かせています。基礎からやり直すよう、夏休みに親子でじっくり勉強に取り組もうと思っております。

＜子どもの短所⇔長所 言い換え一覧＞

甘えん坊	みんなにかわいがられる
しつこい	粘り強い
あわてん坊	積極性がある
いいかげん	おおらか
おとなしい	協調性がある
うるさい	元気がいい
怒りっぽい	感受性豊か
おしゃべり	社交的
落ち着きがない	行動的
いるかいないかわからない	マイペース
おもしろみがない	まじめ
勝ち気	リーダーシップがある
カッとなる	喜怒哀楽がはっきりしている
変わり者	個性的
きつい	自己主張できる
暗い	控えめ
地味	落ち着いている
図々しい	堂々としている
責任感がない	こだわらない
気が弱い	やさしい
無口	おだやか
ふざける	ユーモアがある
人見知りする	慎重
反抗的	自分の意見を持っている
のろい	落ち着きがある
鈍い	動じない
でしゃばり	親切
だらしない	こだわらない
お調子者	明るい

監修：西東 桂子（さいとう・けいこ）
教育ジャーナリスト・編集者。
出版社勤務、月刊「幼稚園ママ」（朝日新聞社出版局）編集長を経て、1998 年に独立。現在は月刊「あんふぁん」（サンケイリビング新聞社）監修者、文芸社えほん大賞選考委員、公益財団法人東京都私学財団評議員を務める。
私立幼稚園での“保育実習”を長年続け、幼稚園・小学校の保護者や保育者に向けて講演活動も。著書に『まるわかり幼稚園ライフ―子育て・子育ち・先生・お友達・ママ友のこと』（ポット出版）、編集担当書籍に『はじめて出会う育児の百科』『こころに届く授業』（ともに小学館）、『崩食と放食』（NHK 出版・生活人新書）、食育副読本『日本 FOOD 紀』（ダイヤモンド社）など多数。1男の母。

装丁／今井悦子（MET）
イラスト／朝倉千夏
本文 DTP／伊大知桂子（主婦の友社制作課）
まとめ／川田直美
編集担当／横山亮子

ママ友《とも》おつきあいマナードリル

監　修　西東《さいとう》桂子《けいこ》
発行者　荻野善之
発行所　株式会社 主婦の友社
〒101-8911
東京都千代田区神田駿河台 2-9
電話　03-5280-7537（編集）
03-5280-7551（販売）
印刷所　大日本印刷株式会社

© Shufunotomo Co., Ltd. 2014　Printed in Japan　ISBN978-4-07-295024-1